Vive la
DIFFÉRENCE!

Béatrice Levasseur
and
Peter Downes

HODDER AND STOUGHTON
LONDON   SYDNEY   AUCKLAND   TORONTO

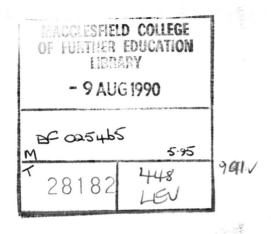
© 1988 Béatrice Levasseur and P.J. Downes

First published in Great Britain 1988

British Library Cataloguing Publication Data

Downes, P.J. (Peter James), *1938–*
    Vive la difference
    1. French language —— For schools
    I. Title   II. Levasseur, Béatrice 448

    ISBN 0 340 42395 5

Typeset in Linotron Bodoni by Tradespools Ltd., Frome, Somerset.
Printed and bound in Great Britain for Hodder and Stoughton Educational, a
division of Hodder and Stoughton Limited, Mill Road, Dunton Green,
Sevenoaks, Kent

Table des matières

Préface

BRITISH POP SONGS ON THE FRENCH HIT-PARADE FRENCH WINE CROISSANTS AND BAGUETTES ON BRITISH TABLES *et vive le franglais*! Great Britain and France appear indeed to have become more and more alike and some of the obvious differences which existed only 25 years ago are now gone. Yet both on a superficial and a deeper level both countries are still different and present two separate cultures.

This book seeks to highlight these differences while at the same time trying to avoid the well-known cross-Channel stereotypes and clichés; it focuses on some distinctive features of the two countries, in terms of structure, attitudes, traditions and visions of the future; it also examines present-day achievements and major problem areas.

While we have very occasionally expressed our own views and reflected on our personal experiences, we believe that one of the main strengths of this book is its variety of documents and sources of information which are used to illustrate each topic:

> authentic documents (*livret de famille, carte d'électeur* for instance), photos, statistics, maps, extracts from newspaper and magazine articles thought to be particularly informative, amusing, thought-provoking or even controversial, transcripts of discussions with native speakers, leaflets, adverts, cartoons etc.

We hope that the book will act as a stimulus to pupils to add their own impressions and experiences and to build up their own dossier of comparisons; this should enable them to gain a deeper and more accurate appreciation of both France and Great Britain and to develop an objectively critical view of both countries.

This book is for use by students of French in schools and colleges of further education. It will be of particular interest – linguistic and cultural – to students preparing for AS, York Intermediate, GCSE, and General French exams, and in advanced adults classes; French assistants should also find it useful as a basis for conversation. The questions on each unit, which are to be found at the back of the book, suggest a wide range of activities:

- *Oral work*: comprehension (detailed and gist) of written material, interpretation of data, numerous role-playing activities, conducting surveys, acting out excerpts from famous plays;
- *Written work*: letter writing, creative writing, summaries (in both languages). Some of the questions lead on to wider discussions which could form the basis of the preparation for essay-writing.

There are no specifically grammatical explorations or explanations. The emphasis throughout is *communicative*; the language is used to *convey meaning*, to *express opinion*, to *stimulate the imagination* and to *provide discussion*.

As the texts are authentic, some specialist vocabulary has been used. In most cases the meaning can be inferred from the context but in order to speed up the preparatory work done by a student at home, a chapter by chapter glossary of the more difficult words has been provided.

We are very grateful to those who have allowed us to use copyright material and they are duly acknowledged at the back of this book. In addition we want to thank our colleagues, friends, pupils and family in both countries who have so generously given us their help and guidance in the completion of this enterprise.

Béatrice Levasseur
Peter Downes

Du berceau à la tombe

La naissance : le compte à rebours

Pierre et Sophie attendent leur premier enfant. Depuis son troisième mois de grossesse, Sophie reçoit l'allocation mensuelle au jeune enfant. Cette allocation d'environ 750F par mois lui sera versée jusqu'au troisième mois après la naissance de l'enfant. Pour y avoir droit, Sophie doit simplement passer trois examens médicaux dans des délais stricts:

- 1er avant la fin du 3ème mois de grossesse;
- 2ème au cours du 6ème mois;
- 3ème dans les 15 premiers jours du 8ème mois.

Et après la naissance, elle devra faire passer à l'enfant trois examens médicaux: le premier dans les huit jours après la naissance, le deuxième au cours du 9ème mois et le troisième au cours du 24ème.

Examen au cours du 9ᵉ mois

Au cours du 9ᵉ mois, un bilan du développement de l'enfant doit être effectué par un médecin. Celui-ci établit, à l'occasion de ce bilan, le certificat de santé obligatoire en vertu du décret nᵒ 73-267 du 2-3-73. *(Voir page ci-contre).*

Conditions de vie

La mère travaille-t-elle à l'extérieur?　oui ☐　non ☐
L'enfant vit-il au domicile de ses parents?　oui ☐　non ☐

Si oui, qui s'en occupe ?
Parents ☐
Grands-parents ☐
Assistante maternelle de jour ☐
Crèche collective ☐
Crèche familiale ☐
Autre : _____

Si non, où vit-il?
Chez d'autres parents ☐
Chez une assistante maternelle ☐
Dans une pouponnière ☐
Autre : _____

Les droits des usagers

En application de *la loi nᵒ 70-633 du 15 juillet 1970*, votre médecin doit **remplir des certificats de santé** à l'occasion d'examens médicaux préventifs obligatoires.

Il doit adresser ces **certificats de santé** au médecin coordonnateur de la Protection Maternelle et Infantile (P.M.I.) de votre département. Ce médecin, sous sa responsabilité et dans le respect du secret médical, se sert de ces renseignements pour s'assurer que toutes les familles sont en mesure de dispenser à leurs enfants les soins que leur état pourrait rendre nécessaires.

Journal de Pierre

Samedi 5 juillet

3^h00 Premières douleurs

6^h15 Départ pour la clinique

17^h34 Naissance de Paul

18^h30 Téléphone, famille, amis

22^h00 M'endors épuisé !

Dimanche 6 juillet

10^h00 Fleuriste

10^h30 Arrivée à la clinique

15^h00 Visite des parents de Sophie
et de son amie Caroline

Lundi 7 juillet

9^h45 Mairie, bureau des
naissances.

NAISSANCES

Toute naissance doit être déclarée dans les trois jours de l'accouchement (non compris le jour de la naissance). Le nom de Paul est inscrit sur le registre des naissances et sur le livret de famille de ses parents.

RÉPUBLIQUE FRANÇAISE
LIBERTÉ - ÉGALITÉ - FRATERNITÉ

PREMIER ENFANT

Extrait de l'acte de naissance no ___96241___

cinq Juillet mil neuf cent quatre-vingt-sept

à __dix-sept__ heure __30 minutes__

est né __ (1) __ Paul Michel

Demanon

du sexe __masculin__ à (2) __ Rouen__

Délivré confome aux registres le __7 Juillet 1987__
— **MENTIONS MARGINALES (3)** — L'Officer de l'État Civil

Sceau de la Mairie

J. SIMON-DUNEAU

LIVRET DE FAMILLE

(application du décret n° 74.449 du 15 Mai 1974
et de l'arrêté du 16 Mai 1974)

Signature de l'Époux

Signature de l'Épouse

Sophie Mercier

Prenez soin de ce livret...

il doit vous suivre toute la vie

ÉLÉMENTS DU LIVRET DE FAMILLE

Le livret de famille est constitué par la réunion des extraits des actes de l'état civil suivants :
Mariage des époux ;
Décès des époux ;
Naissance des enfants ;
Décès des enfants mineurs.

DÉLIVRANCE DU LIVRET DE FAMILLE

Le livret de famille est remis aux époux par l'officier de l'état civil qui célèbre leur mariage.

MISE A JOUR DU LIVRET DE FAMILLE

Les époux ne devront pas manquer de faire mettre à jour le livret de famille par l'officier de l'état civil compétent.
L'usage d'un livret de famille incomplet ou devenu inexact en raison des changements intervenus dans l'état des personnes considérées rend son auteur passible de poursuites pénales.

Pierre reçoit à la mairie un carnet de santé pour Paul. Ce carnet, de couleur bleue, comprend 80 pages et doit être rempli régulièrement de la naissance de l'enfant jusqu'à l'âge de 16 ans. Tout examen médical, toute vaccination, toute hospitalisation, doivent y être inscrits.

cerfa
N° 65-0022

**MINISTÈRE DES AFFAIRES SOCIALES
ET DE LA SOLIDARITÉ NATIONALE**
Secrétariat d'État chargé de la Santé

Carnet de santé

Nom : ——————————————— (En lettres capitales)

Prénoms : ——————————————— (Au complet dans l'ordre de l'état civil)

Né(e) le : ——————————————— (Le mois doit être écrit en toutes lettres)

à : ——————————————— (Commune et département. Pour Paris, Lyon et Marseille, indiquer l'arrondissement)

« Ce carnet strictement confidentiel est la propriété de son titulaire (de ses parents jusqu'à sa majorité) – Nul ne peut en exiger la communication ».

Le carnet de santé est un document qui réunit tous les événements médicaux survenus depuis la naissance.
Il constitue un lien entre les différents médecins qui interviennent pour la surveillance médicale préventive et les soins.
N'oubliez pas de le présenter lors de chaque visite médicale afin que le médecin puisse prendre connaissance de son contenu, y inscrire ses observations et les traitements éventuellement prescrits.
Emportez-le en voyage. Surtout ne l'égarez pas.

CODE DE LA SANTÉ PUBLIQUE (Chapitre IV Section I)

« Art. L 163 - Tout enfant est pourvu d'un carnet de santé délivré gratuitement par le maire lors de la déclaration de la naissance

où seront mentionnés obligatoirement les résultats des examens préventifs et où seront également notées, au fur et à mesure, toutes les consultations importantes concernant la santé de l'enfant ».

Maintenant Pierre et Sophie peuvent envoyer des faire-part à leurs amis . . .

Nous avons la joie de vous annoncer

la naissance de

P A U L

PAUL

le 5 Juillet 1987

Clinique Jeanne d'Arc
Tél. 71.65.86
75, rue Saint Mair
76000 ROUEN

M. et Mme Pierre DEMANON
1/88, rue Jules Verny
76000 Rouen

NAISSANCES

M. Pierre DEMANON et Mme
née Sophie Mercier
sont heureux de vous faire part de la
naissance de
Paul
Rouen, le 5 juillet 1987.

. . . et faire passer une annonce dans le journal.

Enfin, Pierre doit retourner travailler, après avoir pris les trois jours de congé auxquels il a droit: le congé de naissance. Au bureau, entouré de ses collègues, il sable la naissance de Paul au champagne.

Comme c'est leur premier enfant, Pierre et Sophie n'ont pas droit aux allocations familiales, qui ne sont versées qu'à partir du deuxième enfant.

MONTANT DES ALLOCATIONS FAMILIALES SELON LE NOMBRE D'ENFANTS (1985)		
NOMBRE D'ENFANTS	**MONTANT MENSUEL DES ALLOCATIONS**	**POURCENTAGE DE LA BASE MENSUELLE DE CALCUL**
2	32 %	512.64 F
3	72 %	1 153.44 F
4	112.5 %	1 802.25 F
5	152 %	2 435.04 F
par enfant en plus	+ 40 %	640.80 F
Majorations par enfant – entre 10 et 15 ans	+ 9 %	114.18 F
– de plus de 15 ans	+ 16 %	256.32 F

'A Baby On the Way!'

Catherine, originaire de Lyon et mariée à un Anglais, habite à Reading. Elle attend un enfant et découvre les allocations auxquelles elle a droit, en raison de sa grossesse.

Rien à payer chez le dentiste, pas mal!

Les ordonnances gratuites, c'est bien agréable!

Free milk and vitamins. Pregnant women and new mothers who get Supplementary Benefit, Housing Benefit Supplement or Family Income Supplement should get tokens for free milk and vitamins automatically. Let the social security office know that you are pregnant. Or if you are getting Family Income Supplement, ask your doctor or midwife for a Certificate of Pregnancy (Form FW8); and send in the claim form for free milk and vitamins. Or write to the address on your order book. People on low incomes who do not get these benefits should get form MV11 from the social security office, doctors' surgery or Citizens Advice Bureau. It tells you how to claim.

Free dental treatment. Tell your dentist that you are pregnant or have a baby under one year and you will be shown where to sign the form to get free treatment.

Free prescriptions. Get form FW8 from your doctor, midwife or health visitor and send in your claim to the address on the form. If you are claiming after your baby is born, get form P11 from the post office or social security office.

MATERNITY PAYMENT FROM SOCIAL FUND

What is it? A lump sum payment which replaces the Maternity Grant and Single Payments for baby items for families on Supplementary Benefit. It can be claimed from eleven weeks before the birth to three months after.

Who can get it? Expectant and new mothers on Supplementary Benefit or Family Income Supplement whose babies are born after 5 April 1987 and who don't have more than £500 in savings. If you have less than £580 in savings you will get a smaller Maternity Payment but if you buy some essentials for your baby and your savings drop below £500 you will qualify for the full £80. It's the amount of your savings at the date you claim that counts. If you are on Supplementary Benefit and you have less than £500 in savings, or only a little more, and your baby is due between 6 April and 17 May you will be able to choose whether you claim a Single Payment for baby items under the old rules or the new Maternity Payment. You cannot claim both. And a claim for a Single Payment (worth up to £187) must reach the DHSS by 3 April 1987. Send a stamped addressed envelope to the address on the front of this leaflet for a free copy of the Maternity Alliance claim form *Single Payments for Baby Goods.* If you will only be able to claim Supplementary Benefit or Family Income Supplement after your baby is born, you can claim a Maternity Payment from the Social Fund after the birth. But remember you must claim before your baby is three months old.

How much is it? A lump sum of £80.

How do you claim? Get a Social Fund application form from your social security office. Fill it in and send it back with form MAT B1, which you get from your doctor or midwife when you are about six months pregnant. If you are claiming after the birth send a copy of your baby's birth certificate instead of MAT B1.

Bien qu'elles ne soient pas obligatoires, des visites médicales ont lieu tout au cours de la grossesse et Catherine apprend à attendre patiemment à l'hôpital où se tiennent la plupart des visites médicales pré-natales.

Comme 99% des femmes en Grande-Bretagne à l'heure actuelle, elle décide d'avoir son enfant à l'hôpital.

Lettre de Catherine à sa mère :

Chère maman,

Un petit mot très rapide, car je suis très fatiguée, pour te confirmer la grande nouvelle - Philippe est né il y a deux jours. Tout s'est bien passé. Je suis arrivée à l'hôpital à 10h et il est venu au monde à 17h16. Peter était tellement fier qu'il est allé l'annoncer à toute la famille. Moi, j'ai eu droit à une bonne tasse de thé. Vive cette grande tradition britannique !

Je t'embrasse très fort,
Catherine

MAYNARD – On February 10th 1987, at the Royal Berkshire Hospital, Reading, to Catherine and Peter, a son, Philippe.

Quelques jours plus tard, Catherine et Peter envoient des faire-part de naissance à leurs amis et font passer une annonce dans le journal.

Les jours suivants, Catherine reçoit, à sa grande surprise, des dizaines de cartes de félicitation. Ce n'est pas une coutume française ! En revanche, elle étonne (très agréablement) la sage-femme qui a mis Philippe au monde, en lui offrant une bouteille de champagne, selon la coutume française. « Un jour, soupire-t-elle, je ne me tromperai pas de coutume . . . »

Pour que son fils Philippe devienne membre à part entière de la société, il faut que sa naissance soit déclarée, ou bien à l'hôpital lors de la visite du *registrar* ou bien à son bureau dans la ville.

Birth certificate

You must register your baby within six weeks of birth (three weeks, if you live in Scotland). If you haven't chosen forenames by then, they can be added in the next 12 months. Your midwife will tell you where the registrar's office for your district is. The registrar will give you the baby's birth certificate, and form FP.58 (EC.58 if you live in Scotland) on which you apply for the baby's NHS card.

No fee is chargeable for this certificate

GF 786187

1 & 2 ELIZ. 2 CH. 20

CERTIFICATE OF BIRTH

Name and Surname ...... Philippe Peter MAYNARD ......

Sex ...... Male ......

Date of Birth ...... 10 February 1987 ......

Place of Birth { Registration District ...... READING ......

{ Sub-district ...... WOKINGHAM ......

I, ... Albert Buckingham ...... Registrar of Births and Deaths for the sub-district of ...... WOKINGHAM ...... in the Registration District of ...... READING ...... do hereby certify that the above particulars have been compiled from an entry in a register in my custody.

Date 12 February 1987

W Buckingham
Registrar of Births and Deaths.

KS FMT 148

CAUTION:—*Any person who (1) falsifies any of the particulars on this certificate, or (2) uses a falsified certificate as true, knowing it to be false, is liable to prosecution.*

A part son *certificate of birth*, le seul document officiel que Catherine et Pierre doivent se procurer pour Philippe est une *medical card*. Celle-ci porte le numéro de sécurité sociale de Philippe (*NHS number*). Toutes les informations concernant la santé de Philippe seront conservées:

- par son *GP*
- par l'hôpital chaque fois que Philippe devra s'y rendre.
- infirmières (*district nurses*), assistantes-sociales (*health visitors*), dentistes, services de santé scolaires (*school health service*), constitueront, peu à peu, un dossier médical le concernant.

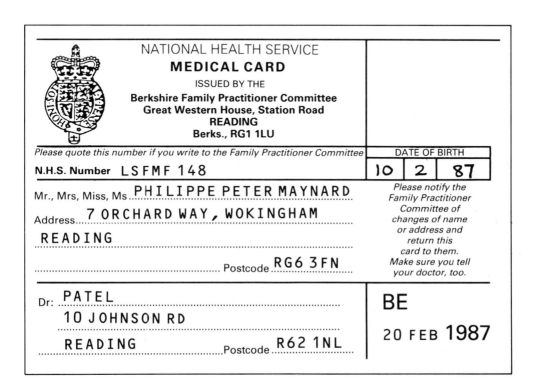

Toute famille a droit à une allocation hebdomadaire, *child benefit*, pour chaque enfant. Elle est en août 1988 de £7.25 par semaine.

Child benefit

Child benefit is a weekly, tax free, cash benefit paid for each child whatever your income. You should be sent an application form CH2 after you have applied for maternity grant. If you are a single parent you can claim one parent benefit at the same time as child benefit (but one parent benefit is only paid for your first child).

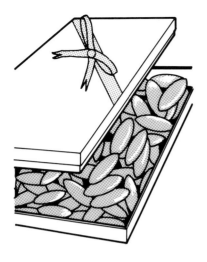

Baptême et Communion Solennelle: traditions et actes de foi

La cérémonie du baptême a lieu le plus souvent un dimanche matin ou après-midi en dehors d'un service religieux. Il est courant d'avoir des baptêmes groupés où plusieurs enfants sont baptisés en même temps. L'enfant est entouré de ses parents, d'un parrain et d'une marraine. Ces derniers sont pris dans le sein de la famille. Le plus souvent on choisit les grands-parents, les oncles, ou les tantes; ceci est dû au fait que les responsabilités financières, morales et religieuses sont lourdes.

Le parrain doit offrir à la famille et aux amis des boîtes ou des cornets de dragées. Une dragée est un bonbon formé d'une amande, praliné, noisette etc recouverte de sucre durci. Elles peuvent être blanches, bleues, roses . . .

Le parrain et la marraine donnent aussi à l'enfant une médaille et une chaîne en or.

Quelle place le baptême occupe-t-il dans la vie des Français? Cette tradition, paraît-il, est en déclin (voir les chiffres).

Quelques chiffres

Les chiffres de la crise		
	1970	1981
Catholiques (1)	90%	84.7%
Baptisés	84%	66.0%

La communion solennelle a subi le même déclin que celui du baptême, d'autant plus que l'enfant qui va faire sa communion solennelle doit assister à des cours de catéchisme qui ont lieu en dehors des heures de classe. Ces cours ont lieu le mercredi, jour de repos pour la plupart des élèves, et sont organisés par le prêtre du quartier. A l'âge de 11 ans, si l'enfant est jugé avoir une connaissance suffisante de la Bible et des rites catholiques, il peut alors communier.

Ma chère tante,

Merci mille fois de la
[B]ible que tu m'as envoyée
[p]our ma communion solennelle.
[J]'ai été très gâtée par tout
[le] monde : une montre, une croix
[e]n or, des livres, un stylo-plume
[e]tc...
[T]out s'est très bien passé. La
cérémonie religieuse a eu lieu
à l'église du Sacré-Coeur. J'étais
[t]ellement émue, que j'ai failli
oublier ce qu'il fallait dire !
[l']évêque nous a bénis. Nous
[é]tions tous vêtus d'une aube
blanche (sur la photo que je
t'envoie, je me trouve à côté
de mon cousin Olivier) Lorsque
nous viendrons te voir le mois
prochain je t'apporterai une
boîte de dragées.
Je t'envoie une de mes cartes
de communion ; tu pourras la
garder dans ton missel.
Je t'embrasse bien fort.

Nathalie

RÉNOVATION
DES PROMESSES DU BAPTÊME

Nathalie Boulanger

ÉGLISE du SACRÉ-CŒUR
CARCASSONNE

24 Mai 1987

IMP. ROUDIÈRE

Mon
Dieu,
faites que je
vous aime,
et que la ___
seule ___
récompense
à mon ___
amour soit ___
de vous aimer
toujours ___
davantage

Baptême et Confirmation

Catherine et Peter décident de faire baptiser Philippe. Voici Catherine qui explique à sa mère ce qui se passe et les traditions anglaises:

Catherine	Le baptême aura lieu au cours du service de 10 heures à l'église All Saints. Philippe sera donc anglican comme son père. Comme c'est un garçon, il a deux parrains et une marraine.
Mère	Pourquoi deux parrains, voyons?
Catherine	On peut avoir plusieurs parrains et marraines et la plupart des enfants en ont au moins trois, parfois plus!
Mère	Et qui sont-ils?
Catherine	De très bons amis et la sœur de Peter.

Après le baptême à l'église, il y a un repas familial à la fin duquel on coupe le traditionnel *christening cake*.

Mère	Oh, qu'il est beau! Mais c'est un vrai cake anglais. Il faudra que tu m'en donnes la recette car on n'a pas ça en France. C'est un peu lourd mais c'est délicieux quand même. Tant pis pour ma ligne!
Catherine	Sais-tu d'où il vient?
Mère	Non, pourquoi?
Catherine	C'est l'étage inférieur de notre gâteau de mariage que nous avions conservé comme le veut la tradition.

Philippe reçoit de jolis cadeaux et en particulier une timbale en argent qui est un des cadeaux traditionnels du baptême anglais.

Baptisms and confirmations in selected churches

	1961	1971	1981	1984
				Thousands
Church of England				
Infant baptisms	412	347	219	202
Other baptisms	11	8	39	37
Confirmations	191	110	90	80
Church of Scotland				
Infant baptisms	45	32	22	19
Other baptisms	5	2	2	2
Admissions by profession of faith	33	18	14	12
Church in Wales				
Baptisms	. .	. .	16	15
Confirmations	12	8	8	7
Baptist churches				
Baptisms of believers	6	5	7	7
Methodist churches				
Baptisms	46	36	29	29
Confirmations	24	12	11	9
Roman Catholic churches				
Baptisms under age 7	131	103	74	72
Other baptisms	14	6	3	2
Confirmations	88	83	58	47

Quelques Chiffres

Quelle place le baptême et la confirmation occupent-ils dans la vie des Britanniques? Baptêmes et confirmations sont en déclin,

En 1967: 67% des enfants nés en Angleterre étaient baptisés dans la religion anglicane.
En 1973: 47%
En 1984: 33%

Une chute impressionnante . . .

Amanda écrit une lettre à sa correspondante française. Elle vient d'être confirmée, à l'église *Saint Mary the Virgin à Greenham*, en la présence de l'évêque d'Oxford.

Newbury, Le huit mars

Chère Sophie,

Je t'envoie cette photo prise au cours de ma confirmation car j'en suis très fière. Nous étions 20 à être confirmés (12 adolescents de mon âge - 15 ans environ - et 8 adultes). Pour nous préparer à cette cérémonie, nous avons tous suivis des cours (Confirmation Class) pendant 3 semaines; nous avons réfléchi sur notre foi et l'engagement religieux que nous allions prendre. J'ai mis ma plus belle robe car ici il n'y a pas de tenue spéciale. Après la cérémonie, nous sommes rentrés à la maison où maman avait préparé un bon repas. Mes grands-parents étaient là aussi. Ils m'ont donné une croix en or et mes parents m'ont offert une Bible....

La religion en France

La France, nation chrétienne ou pays de mission?

Un pays de mission

- Séparation de l'État et de l'église (Loi 1905)
- Pas d'enseignement religieux dans les écoles laïques
- Crise de l'ordination sacerdotale: 93 prêtres catholiques ordonnés en 1983 (285 en 1970); de 40.994 prêtres en 1965 le chiffre est tombé à 30.000 environ en 1984.
- Désaffection des fidèles.

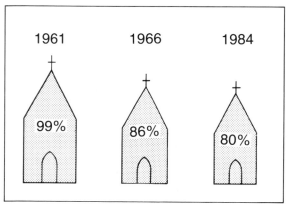

Pourcentage des Français se déclarant catholiques.

Parmi les 80% se déclarant catholiques: 26% sont pratiquants et 53% sont non-pratiquants.

The Christian community is not a minority, but a series of minorities, themselves split into atoms and molecules. Religion is, more than it has ever been, a matter of personal thought and decision, temperament and inheritance. And so the visitor from another country can never be sure what he will find when he enters a French church.
(**The French** *Theodore Zeldin*)

Une nation chrétienne?

- «Dieu est toujours vivant»: la proportion des Français qui croient en Dieu reste stable (60%), la crise de la religion n'est donc pas celle de la foi.
- La pratique religieuse cesse d'être une convention sociale et devient un choix individuel.
- Les laïcs occupent une place de plus en plus importante dans l'Église catholique.
- Étonnant renouveau monastique: en 1984 on comptait 41% de novices de plus qu'en 1980.
- On assiste à un véritable «grouillement religieux» de sectes en marge des religions officielles.
- Le renouveau du judaïsme: il exerce une fascination en ces temps de reflux des grandes idéologies.
- L'Islam: la deuxième religion du pays (2.8 millions de musulmans).

La religion en Grande-Bretagne

Great Britain, a Christian land?

Oui

- Reine: chef de l'État, chef de l'Église

- Motto sur les passeports: «Dieu et mon Droit»

- «Assemblies» religieuses dans les écoles (Loi Butler 1944)

- Prières dans le «House of Commons»

- La Grande-Bretagne constitue un cas étonnant et rare de religion officielle (en Angleterre et en Écosse du moins). L'Église d'Angleterre est devenue religion d'état.

- Tolérance religieuse: les Britanniques, dit-on parfois, ont autant d'églises que les Français de partis politiques:
  60%   Church of England
   8%   Church of Scotland
  13%   Non-Conformist:
        Methodist
        Presbyterian
        Baptist
        Others
  10%   Religious Minorities:
        Mormons
        Jehovah's Witnesses
        Muslims
        Sikhs
        Jews
        Hindus
        Spiritualists

- Un mouvement de renouveau se développe: «House Churches»

Non

Laïcisation de la société britannique: déclin du baptême, du mariage religieux (seuls 50% de britanniques se marient à l'Église).

- Malgré tout son appareil de pouvoir (26 évêques anglicans siègent au «House of Lords») l'Église anglicane ne gouverne plus les mœurs et pratiques sociales du peuple britannique (par exemple, l'Église et le divorce, l'Église et l'avortement, le contrôle des naissances, etc.).

- Un grand flottement doctrinal: 9 sur 10 croient en Dieu mais la moitié ne croient pas en la vie éternelle. 3 sur 10 seulement croient au Diable, 15% des Anglicans ne croient pas que Jésus-Christ soit le fils de Dieu.

- Alors que 75% des Catholiques pratiquent régulièrement, seulement 16% des Anglicans le font.

« *La radio-télévision s'est, depuis la guerre, laïcisée par souci d'objectivité. Avant 1947 la BBC s'interdisait de diffuser toute émission hostile au Christianisme; ce n'est plus le cas. De façon symbolique, l'émission matinale «Lift up your hearts» est devenue «Thought for the* **»** *day»; la morale remplace la religion.*
(Monica Charlot, ***L'Angleterre cette inconnue***)

Fiançailles et mariage

Avant le mariage ont lieu les fiançailles. Elles ont tendance à devenir de plus en plus importantes: un repas de fiançailles, des fleurs à la fiancée et les inévitables dragées.

RENSEIGNEMENTS UTILES EN VUE DE CONTRACTER MARIAGE.

à qui devez-vous vous adresser ? :

A la mairie du lieu où doit être célébré le mariage.

— ne peuvent pas contracter mariage:

Puberté: les hommes de moins de 18 ans, les femmes de moins de 15 ans à moins d'une dispense accordée par le Procureur de la République.

Le mariage civil doit toujours et obligatoirement précéder le mariage religieux éventuel. Il est gratuit mais, suivant un usage consacré, des dons sont faits par les mariés, les membres de leurs famille, et leurs invités en faveur des œuvres sociales de la ville; les mariés font ensuite procéder à la cérémonie religieuse qui leur convient.

Documents à produire:

- Un certificat médical (prénuptial)
- Une attestation sur l'honneur
- Autres renseignements
- L'extrait d'acte de naissance

Liste des témoins:
La loi du 9 août 1919, modifiée par la loi du 9 juin 1966, exige deux témoins minimum, quatre au plus, sans distinction de sexe ni de nationalité, majeurs. Les parents peuvent être témoins de leurs enfants majeurs.

la célébration du mariage :

Quelques semaines après son mariage, Hélène écrit à son amie anglaise Kate :

Orléans le 10 avril

Ma chère Kate,

Je t'envoie quelques photos de mon mariage comme tu me l'as demandé. C'était merveilleuse et tout était réussi !
Après la cérémonie à l'église mon père a tenu a organiser un vin d'honneur pour tous ceux qui étaient présents. Il y avait du monde ! Et puis nous sommes partis pour le restaurant dans un vacarme épouvantable car mes amis ont klaxonné tout le long du parcours. Notre voiture était joliment décorée de fleurs, de rubans et de noeuds. Le repas – que penses-tu du menu ? – s'est terminé vers 17 heures et nous avons commencé à danser. Vers minuit Pierre et moi nous sommes éclipsés mais la fête a continué sans nous jusqu'au petit matin ! Et toi que deviens-tu ?

MENU
- - - -

Cochon de lait farci dans sa robe
périgourdine

Saumon braisé au Champagne

Baron d'agneau Richelieu
sa garniture

Haricots panachés

Salade de saison

Les délices de La Ferme

Pièce montée des Mariés

Omelette Norvégienne

V I N S
- - - -
Sancerre
Saint Nicolas de Bourgueil
° ° °
Champagne
Café - Liqueurs

On se marie de moins en moins!

En 1972: 417 000 mariages
    Taux brut de nuptialité: 8,1
    (par 1 000 habitants)
En 1980: 334 000 mariages
    Taux brut de nuptialité: 6,2
En 1984: 281 000 mariages
    Taux brut de nuptialité: 5,1

Malgré une chute dans le nombre des mariages célébrés à l'église (78% il y a 20 ans), 64% des mariés choisissent encore de se marier religieusement.

En 1984 plus de 25% des couples ont divorcé . . .

L'amour existe-t-il encore en France?

« *J'ai toujours tenu à mesurer, avec le plus d'exactitude possible, la distance qui sépare presque en tous points les Français des Anglais. Je voudrais pouvoir le faire aussi bien dans le domaine sentimental. Mais mon compas m'échappe des mains, ce n'est plus un fossé, c'est un abîme*

. . .

En France, les femmes font ce qu'elles peuvent pour être remarquées, tout en affichant la surprise la plus vive si quelque inconnu les remarque au point de le leur dire. Une femme du monde sera scandalisée si on l'aborde, mais navrée que l'on n'essaie pas, «on ne me suit plus . . .», dira-t-elle un jour, marquant à la fois son âge et son désabusement.

. . . Martine m'a raconté qu'un jour, encore jeune fille, mais déjà suivie, elle s'était précipitée vers un gardien de la paix pour lui dire:

«Monsieur l'agent, cet homme me suit!»

«Dommage que je ne puisse en faire autant, mademoiselle!» lui répondit l'agent tout » *en continuant à régler la circulation.*

(**Carnets du Major Thompson**, *Pierre Daninos*)

Les fantasmes de la femme de tête et de l'homme-objet

Les hommes ne sont pas devenus insensibles au charme animal de Raquel Welch ou d'Ursula Andress. Mais la vision qu'ils ont aujourd'hui de la beauté féminine laisse place à d'autres considérations que le simple aspect physique. La séduction que les femmes exercent sur eux peut aussi provenir d'autres aspects de leur personnalité: intelligence, humour, vivacité d'esprit, réussite professionnelle . . . Quant aux femmes, elles tiennent compte depuis longtemps de ces qualités dans le jugement qu'elles portent sur l'autre sexe. Elles auraient peut-être tendance aujourd'hui à faire le chemin inverse de celui des hommes et à s'intéresser davantage à la séduction physique qu'ils inspirent. Selon un sondage Elle/Ifop publié en décembre 1983, leur homme idéal est grand, mince, sportif, rasé, aux yeux bleus. Il ne porte pas de lunettes, a une bouche petite et sensuelle, les cheveux bruns, courts et ondulés. Son corps est plutôt poilu, ses mains sont grandes, longues et musclées. Il ne fume pas, a une odeur parfumée, et son style est décontracté. Toute ressemblance avec un homme existant ou ayant existé . . .

Gérard Marmet, *Francoscopie*

Le mariage en Angleterre

Jean-Raphaël, jeune médecin, va épouser Ruth, une jeune Anglaise et professeur de français à Tunbridge Wells. Il étudie avec soin un petit livre que sa fiancée lui a apporté pour qu'il se familiarise avec les coutumes britanniques.

GETTING MARRIED

A GUIDE TO PLANNING WEDDINGS

Where and when a couple may wed

Valid marriages can be performed between 8 a.m. and 6 p.m. in a registry office or 'registered building' – a term that describes churches and other premises that are certified by the Government as places of worship, and listed by the registrar general for the performance of marriage.

A registrar charges £10 to conduct a marriage in his office, or £16 for attending a wedding elsewhere.

Who can marry

Partners to a valid marriage must be:
● Over the age of 16 – and if under 18 they should have their parents' consent – although if they succeed in marrying without it the marriage will be valid.

Someone intending to marry – only one of a couple need apply – should arrange an appointment so that details can be taken down on forms held by the clergyman or registrar. Proof of identity or age may be asked for at that stage, or may be left until just before the ceremony.

The fee to give notice of a marriage is £6.

Who must attend

At least two witnesses must attend, and sign the marriage register. They need not know the bride and groom, and there is no minimum age limit, but they must be acceptable to the registrar as 'credible' witnesses. So a young child, or someone who is obviously incapable because of drunkenness or mental disorder, might be rejected.

A registrar, or a minister authorised to register marriage, is the only other person required by law to be present. Clergy of the Church of England are authorised, and some clergy of other faiths may be authorised. In a registry office wedding, two registrars must be present.

Jean-Raphaël:	Où allons-nous nous marier?
Ruth:	Nous avons le choix: ou bien au «registry office», c'est à peu près l'équivalent du mariage civil en France, ou bien à l'église. Dans ce cas nous n'avons pas à passer au «registry office». Tu as compris?
Jean-Raphaël:	Oui, bien sûr. Et la cérémonie religieuse? est-elle comme en France?

Ruth: Non, je crois qu'il y a pas mal de différences. Les deux plus importantes sont le rôle du père et du «best man». Regarde ce passage.

As the bride and her father reach the groom, he and his best man step out so they form a quartet.

The exact service will have been determined by the bride and groom in discussion with the minister beforehand. Each service is slightly different. What is common to all services is the question: 'Who giveth this woman to be married to this man?', at which point the father takes the bride's right hand and gives it to the minister, who passes it to the groom.

Jean-Raphaël: C'est plutôt sexiste, dis-donc! Mais ce «best man» doit être l'équivalent d'un témoin de mariage en France.
Ruth: Mais non, son rôle est beaucoup plus complexe. Lis donc:

Best man
Beforehand, the best man traditionally:
1 Makes sure that the groom will get to the church on time (in other words, he prevents the organization of an enormous stag party the previous night).
2 Checks that all arrangements are under way, and that ushers have the right clothes, buttonholes will turn up, and printed service sheets are delivered.
3 Considers—in discussion with the ushers—car-parking arrangements and transport between service and reception.

On the day, he:
1 Makes sure that he has the ring(s).
2 Makes sure the groom's going-away clothes are ready at reception venue.
3 Makes sure that the groom is correctly dressed.
4 Accompanies the groom to the church, to arrive 20 minutes before the service begins.
5 At the appropriate part of the ceremony, hands the rings to the minister.
6 Pays the minister and any musician/choir fees.
7 Supervises the reception, liaising with the toast-master and, possibly, reading out telegrams. It is the best man who actually times the reception and decides when the cake should be cut, and when the bride and groom should go and change.
8 Makes a speech, responding to the toast of the bridesmaids.

Jean-Raphaël:	Oh, le pauvre, il doit faire un discours, mais quand?
Ruth:	Au cours de la réception qui suivra la cérémonie religieuse. D'abord, on mangera, on parlera, on boira. Ensuite nous devrons couper le gâteau. .
Jean-Raphaël:	Quoi? Il va falloir couper cet énorme gâteau?
Ruth:	Non, juste une tranche. C'est une tradition très importante. Tu mettras ta main sur la mienne et ensemble nous couperons.
Jean-Raphaël:	C'est qu'ils ont l'air bien solides, ces fameux «wedding cakes». Voyons ce qu'en dit ce livre:

The Cake

The cake occupies pride of place at the reception and the first slice is ceremoniously cut by the bride and groom. The cake is then removed and professionally cut behind the scenes. Small slices are handed round to all guests, either on plates or, ideally, on paper napkins, so that anyone who does not want to eat a slice can wrap it up and take it away.

Jean-Raphaël:	Alors, après la cérémonie du gâteau, c'est le moment des discours, si j'ai bien compris?
Ruth:	Oui, il y en a traditionnellement trois: d'abord un ami de la mariée porte un toast à la santé de la mariée et du marié. Le marié, c'est toi!, répond, remercie les parents de la mariée, ses parents à lui, et porte un toast en l'honneur des demoiselles d'honneur. Enfin, le «best man» répond, au nom des demoiselles d'honneur.
Jean-Raphaël:	Mais quel genre de discours doit-il faire?
Ruth:	Demande à mon frère. Il te donnera quelques idées que tu pourras passer à ton «best man». Voilà, Vers cinq heures de l'après-midi ce sera terminé et il sera temps que nous fassions nos adieux. Comme tu as pu le voir à la télévision au cours du mariage du duc et de la duchesse de York, le départ des jeunes mariés en voyage de noces est aussi un moment très important.
Jean-Raphaël:	Ah oui, les confetti, les plaisanteries sur la voiture, les ballons etc.

Quelques statistiques

Evolution du nombre de mariages:

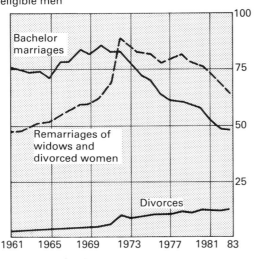

Mariages religieux, mariages civils

Les mariages, en Grande-Bretagne, en 1984 étaient au nombre de 385,000. Presque la moitié de tous les mariages en Angleterre et au Pays de Galles et 41% des mariages en Ecosse ont été célébrés dans les *Registry Offices* plutôt qu'à l'église.

Ça ne marche pas toujours . . .

Le divorce en Grande-Bretagne

Il y a actuellement une chance sur quatre qu'un mariage se termine en divorce (chiffre comparable en France).

"This is a period of transition, an age of confusion. The problem is we've got so much more and so much less than before. When my mum and dad met, they still believed in a Mr and Miss Right who probably lived within three streets of you and with whom you would fall in love in your late teens, marry and move through life, seamlessly alongside forever and ever, amen. It probably never was like that but we can't even kid ourselves any more. The average person's life is much broader now, the possibilities so much greater, that this scenario seems impossibly narrow. We've all got careers and education and travel and mates and ambition and leisure and independence, and yet we all still want to fall in love. And women, it seems to me, still want to fall in love with a cliché . . . Instead of the broad-shouldered dreamboat to sweep you off your feet and make you feel like a real woman, you now want a broad-shouldered and broad-minded sensitive soul who'll make you feel like a real person."

(*Robert Elms*, **ELLE** *November 1986*.)

De quoi meurt-on en France?

Morts de causes naturelles: (principales causes)	
maladies de l'appareil circulatoire:	36%
tumeurs	24%
alcoolisme et cirrhose du foie:	3%
suicides	2%

La France détient le triste record du monde pour le nombre de morts dues à l'alcoolisme.

Morts accidentelles:

Au travail: 1 282 en 1983 (2 268 en 1970).

A la maison: 5 000 en 1983 (2 500 enfants).

La route tue encore beaucoup trop malgré une amélioration sensible, depuis 1970. Le risque d'accident mortel de la circulation est plus élevé en France, que celui constaté en Grande-Bretagne, aux Etats-Unis, et au Japon.

Proportion de tués pour 100 millions de véhicules-kilomètres	
France 3,0	USA 2,0
UK 2,1	Japan 2,3

Les rites funéraires

Ils ont peu changé, bien que le traditionnel brassard et crêpe de deuil soient maintenant en voie de disparition. La cérémonie religieuse reste de rigueur pour la grande majorité des Français (l'enterrement civil n'atteignant que 30% en 1983). Crainte superstitieuse, conviction religieuse, tradition, quelles qu'en soient les raisons, cela reflète bien le respect que les Français attachent au culte des morts. Ils n'hésiteront pas, en effet, à dépenser une petite fortune pour assurer au défunt *un beau caveau*, en marbre noir ou gris, sur lequel ils déposeront une croix et maints ornements funéraires. C'est pourquoi aussi, ils rejettent la crémation considérée trop rapide et dépourvue d'émotion (en 1983, seules 1 245 crémations ont été effectuées, soit 2%). Même si une tendance se dessine à l'heure actuelle en faveur de ce procédé, surtout chez les jeunes, dans la réalité les Français tiennent encore à honorer leurs morts *de façon simple mais digne*.

Ne soyons pas trop tristes! Les Français «jouissent»

- d'un taux de mortalité bas: 9,8 pour 1000 habitants.
- d'une espérance de vie élevée: 78,6 ans pour les femmes
  :   70,4 ans pour les hommes.

Et s'il vaut mieux être femme pour vivre vieux, il vaut mieux aussi être:

ingénieur   (espérance de vie: 85,6 ans)

que:

manœuvre   (espérance de vie: 67,9 ans) . . .

De quoi meurt-on en Grande-Bretagne?

En 1983, morts violentes 4%   de causes naturelles 96%

Accidents

Nombre de Tués:

	Route	Travail	Foyer
1961	7 500	1 263	8 144
1984	5 789	413	5 759
En baisse de	23%	67%	29%

Maladies

De l'appareil

circulatoire	51%
respiratoire	14%
digestif	3%
tumeurs	22%
autres causes	6%

La crémation est devenue le genre de funérailles le plus souvent choisi par les Britanniques; ceci n'est qu'un développement relativement récent (3% des morts ont été incinérés en 1938, 30% en 1959, 65% fin 70).

Avant d'en venir là, les Britanniques peuvent espérer vivre en moyenne:

      69.8 ans hommes
      76.2 ans femmes

DEATHS

MARSHALL (MARGARET) On March 24, 1987, Margaret Wife of Albert, Mother of Hilary and Simon. Funeral service at Cheltenham Crematorium, on Tuesday, March 31 at 3pm. No Flowers by request. Donations, if desired, to Cancer Research.

2 Santé

La santé: une obsession française?

L'attitude des Français envers la médecine et les médecins a fait l'objet d'œuvres satiriques depuis longtemps. Déjà en 1673, Molière mettait en scène *Le Malade Imaginaire*, comédie contre la médecine de son époque. Le personnage d'Argan incarne cette fascination qu'exercent les médecins et les médicaments sur bon nombre de Français.

Dans la première scène de la pièce, Argan, seul, fait ses comptes:

Argan: . . . Si bien donc que de ce mois j'ai pris un, deux, trois, quatre, cinq, six, sept, huit médecines, et un, deux, trois, quatre, cinq, six, sept, huit, neuf, dix, onze, et douze lavements. Je ne m'étonne pas si je ne me porte si bien ce mois-ci que l'autre.

En 1923, Jules Romains, remportait un énorme succès avec sa pièce *Knock ou le triomphe de la médecine*, dans laquelle il se moque des médecins qui profitent de la crédulité des gens et les transforment en malades imaginaires afin de gagner le plus d'argent possible.

Dans la scène 5 de l'acte deux, Knock s'emploie à démontrer à Mme Pons, une bourgeoise aisée, qu'elle est sérieusement malade et qu'elle a besoin de ses services.

La Dame: Vous ne connaîtriez pas, docteur, un secret pour faire dormir?

Knock: Il y a longtemps que vous souffrez d'insomnie?

La Dame: Très, très longtemps . . .

Knock: L'insomnie peut être due à un trouble essentiel de la circulation intracérébrale, particulièrement à une altération des vaisseaux dite «en tuyau de pipe». Vous avez peut-être, madame, les artères du cerveau en tuyau de pipe.

La Dame: Il y a un espoir de guérison?

Knock: Oui, à la longue.

La Dame: Ne me trompez pas, docteur. Je veux savoir la vérité.

Knock: Tout dépend de la régularité et de la durée du traitement . . . Je n'oserais peut-être pas donner cet espoir à un malade ordinaire qui n'aurait ni le temps ni les moyens de se soigner, suivant les méthodes les plus modernes. Avec vous, c'est différent . . . La seule difficulté, c'est d'avoir la patience de poursuivre bien sagement la cure pendant deux ou trois années, et aussi d'avoir sous la main un médecin qui s'astreigne à une surveillance incessante du processus de guérison, à un calcul minutieux des doses radioactives et à des visites presque quotidiennes.

Les victimes du stress et de la déprime

Trois siècles plus tard la comédie d'Argan fait place à la tragédie réelle de jeunes femmes telles qu'Armelle et Liliane:

Les Femmes se droguent

**« **Ces derniers temps, Armelle ne supportait plus rien, sanglotait pour des bricoles et traînait en robe de chambre, les yeux rivés sur les aiguilles de la cheminée. «C'est toute cette chimie, se plaint-elle d'une voix monocorde. Avant, je ne songeais même pas à prendre un cachet d'aspirine.» Aujourd'hui, elle ingurgite des gélules par poignées ..

«Moi, raconte Liliane, 29 ans, c'est mon perfectionnisme qui m'a convertie aux tranquillisants.» Mère de trois enfants en bas âge, elle passait son temps à les changer. Rien n'était jamais assez propre, assez briqué. «J'étais si anxieuse de mal faire, confie-t-elle, que je pleurais constamment. Les comprimés m'ont aidée à ne pas sombrer plus avant.»

«Si bon nombre de femmes conservent fiévreusement un calmant dans leur sac, explique un psychiatre, c'est que leur stress est plus quotidien que celui des hommes. Elles en usent généralement pour anesthésier un ennui grandissant ou un excès d'activité dévorante, la tristesse causée par des amours qui se débinent.»

Le tranquillisant est aujourd'hui massivement devenu, pour la petite angoisse quotidienne, ce que l'aspirine est au léger mal de tête: un comprimé, et que ça disparaisse! Les Français sont maintenant les premiers consommateurs mondiaux de tranquillisants: on dénombrait, en 1984, en France, 49 prescriptions d'anxiolytiques par an pour 100 personnes, pour 23 en Grande-Bretagne. (*Sophie Grassin et Eric Conan,* **L'Express**) **»**

La santé: ça n'a pas de prix

On pourrait croire qu'être médecin en France est une sinécure: des malades, réels ou imaginaires, en grand nombre, prêts à dépenser de grosses sommes d'argent pour se soigner, est-ce vraiment une situation rêvée?

"The GP complains that the media publicize every fancy new remedy, that his patients demand more and more tests and exotic forms of treatment. He sees himself as a cog in an inflationary machine, whose function is to sign endless prescriptions, order endless X-rays. In fact since patients are free to choose their doctor and change when they like, they end up with a doctor whose values they share or with whom they are happy to be accomplices in the magician's game the doctor is expected to play. France has comparatively few GPs; the new influx of doctors are the specialists. A specialist is paid at twice the rate that a GP is paid for each consultation, in theory so that he can devote twice as much time and buy expensive equipment ... That is perhaps the most characteristic feature of French medicine, that the patient can choose his own doctor, and go from one to another as he pleases, even to specialists, and still have the state reimburse most of the fees. France is a country that practises the cult of the second opinion. The variety of diagnoses is increased by the fact that France has a great variety in the types of doctors offering their services." (**The French** – *Theodore Zeldin*)

1983: 114 951 médecins (1 pour 450 habitants)

Les Français ont vu leur docteur en moyenne:
    Femmes: 5,9 fois par an
    Hommes: 4,5 fois par an

Deux savonnettes par an et par personne

« A l'heure européenne, les Français détiennent une lanterne rouge qu'ils ne semblent pas près de perdre: celle de la propreté. Nous sommes peut-être dans l'absolu, les génies de la haute couture, les stars de l'élégance et du raffinement. Mais confronté à sa salle de bains, la moyenne des Français n'est plus au diapason: pleins feux sur la façade, le maquillage, les vêtements. En dessous, il vaut mieux ne pas vérifier de trop près.

Deux savonnettes par an et par personne, telle est la moyenne nationale. Exactement 632g. Pour mémoire, sachons que les Allemands en consomment 874, les Suisses 1 132 et les Britanniques 1 178, près du double. Pire: nous avons même régressé en la matière puisqu'en 1977 nous arrivions glorieusement à utiliser 669g de savon par personne! Consolons-nous en espérant que ce sont les produits lavants et démaquillants de tous ordres qui ont fait baisser nos performances. Autre chiffre-phare, pour s'en tenir à l'hygiène de base: 52% de nos concitoyens se couchent sans se brosser les dents. Seuls 22% des hommes et 38% des femmes font ce qu'on peut considérer comme une toilette complète. Pour les autres, cela va d'une toilette de chat à ... rien du tout. Il existe même 3% d'irréductibles qui se passent complètement de savon et 7% qui méprisent le shampooing.

A remarquer: l'emploi des produits de bébé par les adultes (20% des femmes et 16% des hommes). Nous sommes bien dans l'ère du 'doux' et rien n'est de trop pour se protéger de l'agressivité du milieu ambiant. Enfin, excepté en ce qui concerne les shampooings (ils se lavent la tête trois fois par semaine contre deux fois seulement pour les femmes) les fameux séducteurs français semblent nettement moins portés sur la toilette que leurs compagnes. Ils sont 57% à se coucher sans se laver les dents (49% des femmes), 31% à garder leur slip plusieurs jours de suite (10% des femmes), 42% à utiliser un déodorant (63% des femmes). Pour qu'on les reconnaisse à l'odeur peut-être? (Sources: études et **»** sondages 1983–1984 et comité français d'éducation pour la santé).

(**L'Etat de la France et de ses habitants**, Minelle Verdie)

La France, un paradis pour l'industrie pharmaceutique?

1983: 43 662 pharmaciens (1 pour 1 245 habitants)

Nombre d'actes de pharmacie par personne et par an:
En 1979: 13,99
En 1980: 23,70

Dépenses de santé:
Elles représentent en 1985 14,8% du budget des Français (contre 9,4% en 1970)

"The French spend twice as much on drugs as do the British. They even developed an arrangement by which anyone could go and buy medicine without a prescription, and then go to a doctor and obtain from him a retrospective prescription, so that the cost of the medicine would be refunded by the Social Security . . .

The Social Security found extraordinary cases of a man aged 23 being given a total of 61 boxes of 5 different medicines; another, aged 82, emerged from the chemist's with 54 boxes of medicine, all dangerous, which were supposed to last him for 6 months; another was given 93 tubes of anti-coagulant to last him a year; a boy of 9 was prescribed 26 medicines in one go, in drops, ampoules, pills, gels, to be swallowed, sniffed and rubbed on the skin, and 5 suppositories of 3 different medicines to be inserted in his anus. The ampoule is a uniquely French favourite; and is also the most expensive way of packing medicine . . ." (***The French** – Theodore Zeldin*)

A la pharmacie

Le rôle du pharmacien ne se borne pas à fournir les innombrables médicaments que lui réclament ses clients. Souvent on va à la pharmacie pour obtenir des soins de secours si on s'est blessé et si la blessure n'est pas très grave; le pharmacien ou un de ses assistants nettoie la plaie et fait un pansement si cela s'avère nécessaire. On va aussi lui demander des conseils avant de se rendre chez le docteur; le pharmacien devient une sorte de conseiller médical, d'intermédiaire entre le patient et le docteur; mais ce rôle tend à diminuer alors que les Français hésitent de moins en moins à aller directement chez le docteur.

Emma, jeune Anglaise, tombe malade chez son amie Karine. Le médecin vient la voir.

Emma: Qu'est-ce que c'est que tous ces papiers?

Karine: Ça, c'est une ordonnance, et ça, c'est une feuille de soins

Emma: What on earth is «une feuille de soins»?

Karine: Comme tu peux voir, la feuille de soins comprend deux parties; l'une est réservée au médecin et l'autre au pharmacien. Mais, d'abord il faut que tu saches qu'en France on doit payer le médecin lorsqu'on le voit. Ça coûte 70F si on se rend à son cabinet et 85F s'il vient à domicile.

Emma: Oh, mais je dois vous rembourser les frais de cette visite

Karine: Non, non, ne t'affole pas. La plus grande partie de ces frais (75%) est remboursée par la Sécurité Sociale; il faut simplement remplir et envoyer à la Caisse de Sécurité Sociale cette feuille de soins.

La sécurite sociale

M. Martin, le père de Karine, doit cotiser à la Sécurité Sociale. Il travaille à l'entreprise Bourchinon; celle-ci doit verser 12,6% du salaire de M. Martin à la Sécurité Sociale et M. Martin lui-même doit verser 5,50% de son salaire.

Ces cotisations sont versées aux différentes *caisses* de la Sécurité Sociale, dont la *caisse primaire maladie*.

Le système de Sécurité Sociale français peut paraître compliqué dans la mesure où il n'est pas centralisé comme le DHSS mais est formé de corps indépendants, les *Caisses*; celles-ci sont supervisées par un ministre du gouvernement mais elles sont dirigées par un Conseil d'Administration dans lequel employeurs et syndicats sont les principaux membres. Chaque Caisse a un bureau local et un représentant au niveau national.

- *Les caisses primaires d'assurance maladie* s'occupent de tout ce qui touche à la santé.
- *Les caisses d'allocations familiales* s'occupent de tout ce qui touche à la famille.
- *Les caisses de vieillesse* s'occupent des pensions, des retraites.

Ainsi M. Martin pourra toucher le remboursement des médicaments achetés pour Emma.

Le taux de remboursement varie selon les médicaments: il est, pour la plupart, de 40% à 70%. Quelques-uns, très chers et indispensables, sont remboursés à 100%. Donc, en principe, le malade doit payer de 20% à 60% du prix des médicaments: *le ticket modérateur*. Comme ceci peut être une somme importante, beaucoup de Français appartiennent à une *Mutuelle* (sorte de compagnie d'assurance maladie) qui rembourse le ticket modérateur.

Le même système de remboursement existe en ce qui concerne:

- *Les frais d'hospitalisation.* De façon schématique et très simplifiée, on peut décrire le système ainsi:
  lorsqu'on est hospitalisé on peut choisir librement l'établissement que l'on désire, hôpital public ou privé, ou clinique privée. Mais le malade n'est remboursé que sur la base du tarif en vigueur dans l'hôpital le plus proche de son domicile. Cependant, en cas de maladies graves nécessitant un traitement prolongé et coûteux, le malade peut être remboursé du ticket modérateur.
- *Les frais de cures thermales:* Très appréciées des Français, elles sont aussi remboursées en partie.

PARTIE RÉSERVÉE AU MÉDECIN TRAITANT

IDENTIFICATION DU MÉDECIN OU DE L'ÉTABLISSEMENT

- Si les soins sont dispensés à titre libéral, dans un établissement de soins, cachet de cet établissement.
- Si les soins sont dispensés par un médecin salarié dans un centre de soins, NOM et qualité du médecin.

Docteur Jacques DELATTRE
01   Conventionné
101, rue Esquermoise
59800 LILLE

59 1 05146 1 | 0 | 1 | 23 | 1
                 CAB CONV. Z.ISO IK

RADIATIONS IONISANTES
NUMÉRO D'AGRÉMENT de l'appareil ou de l'installation effectivement utilisé N°

ARRÊT DE TRAVAIL
prescrit par le médecin

Nombre de jours _____ jusqu'au _____ inclus.

NOM ET PRÉNOM DU MALADE
(A remplir par le médecin selon les indications de l'intéressé)   *Pearson Luc*

PRESTATION DES ACTES — PAIEMENT DES ACTES ①

Date des actes médicaux 1	Désignation des actes suivant nomenclature 2	Délivrance d'une ordonnance 3	Prescription 1 - Chambre 2 - Sortie autorisée 4	Signature du médecin attestant la prestation de l'acte 5	Montant (en francs) des honoraires perçus 6	Dépassement Exigence du malade (DE) 7	I.F. 8	I.S.D. ou I.T.D. 9	I.K. Nbre 10	I.K. Montant 11	Signature attestant le paiement 12
4.05.85	✓	0	1	*sig*	85	15					*sig*

N.B.: DURÉE D'UTILISATION DE LA FEUILLE DE SOINS PAR LE MÉDECIN: 15 JOURS.

① Le remboursement de l'ensemble des frais médicaux par les organismes d'assurance maladie est subordonné à l'indication par le médecin traitant du montant exact des honoraires perçus. (Décret du 12.6.1972).

PARTIE RÉSERVÉE A LA FACTURATION DU PHARMACIEN OU DU FOURNISSEUR

1ʳᵉ FACTURATION DU PHARMACIEN OU DU FOURNISSEUR

N° DE LA PRESCRIPTION SUR L'ORDONNANCE	Tarification détaillée ou opérations diverses	TOTAL
1		
2		26.60
3		17.65
4		10.90
5		
6		
7		
8		

Montant brut des produits

Somme effectivement perçue **55.15**

Date de l'ordonnance **4.5.85**
Date de la facture

GRANDE PHARMACIE
M. DESBOUVRY
CACHET
32, Rue du Sec-Arembault
LILLE

1ʳᵉ ORDONNANCE

l'assuré(e) conserve l'original de l'ordonnance et adresse le second exemplaire à son organisme d'assurance maladie

* 7% VIGNETTE
LOCABIOTAL
Pressurisé 20 ml
306 276 3 F 26.60

* 7% VIGNETTE
NANBACINE 318.539-4
Sirop pédiatrique
flacon de 100 cm3
17.20 - SHP 0.45 F 17.65

dans l'ordre de prescription

* 7% VIGNETTE
Biocidan Collyre
1 ampoule
compte gouttes
10 ml
301 169 4 F 10.93

Cachet du pharmacien ou du fournisseur attestant le paiement. (Si le système du tiers payant est appliqué, le mentionner).

2ᵉ FACTURATION DU PHARMACIEN OU DU FOURNISSEUR

N° DE LA PRESCRIPTION SUR L'ORDONNANCE	Tarification détaillée ou opérations diverses	TOTAL
1		
2		
3		
4		
5		
6		
7		
8		

Montant brut des produits

Somme effectivement perçue

Date de l'ordonnance
Date de la facture

CACHET

2ᵉ ORDONNANCE

l'assuré(e) conserve l'original de l'ordonnance et adresse le second exemplaire à son organisme d'assurance maladie

Coller ici les vignettes dans l'ordre de la prescription

Le pharmacien ne peut délivrer une quantité de médicaments pour une durée supérieure à 1 mois de traitement, exception faite des contraceptifs (code de la Santé Publique, art. 5148 bis).

Le tabagisme en France

Au cours des 5 dernières années:

Les hommes arrêtent de fumer

ont arrêté … 14%
ont commencé … 4½% $\Big\}$ −9.5%
fument … 43%

Les femmes prennent le relais

ont arrêté … 4%
ont commencé … 9% $\Big\}$ +5%
fument … 16%

LA FRANCE N'EST PLUS CE QU'ELLE ETAIT, TOUT FOUT LE CAMP.

Après les Gauloises blondes, cette aberration historique lancée le 28 mars 1984, voici la Gitane blonde … Démonstration que les mœurs changent à une vitesse grand V, même au cœur de cette France profonde qui pendant des décennies a résisté à l'attrait de l'American Way of Tobacco, débarqué en notre pays en même temps que le jazz et les bas nylon par nos libérateurs GI. La France n'a pas de pétrole mais elle avait ses brunes, une curieuse anomalie au regard de tous les autres pays du monde. En 1975, les brunes représentent encore 80% du marché, les blondes 20%. Dix ans plus tard, en 1985, le rapport s'est inversé: les blondes se vendent plus que les brunes et raflent 51% du marché … Une tendance irréversible. (*Philippe Gavi*, **Le Nouvel Observateur**)

Le tabagisme en Grande-Bretagne

De 1972 à 1984:

Les hommes arrêtent de fumer

ont arrêté … 16%
fument … 36%

Les femmes arrêtent aussi, mais plus doucement

ont arrêté … 10%
fument … 32%
mais les enfants ont fumé, en 1984, 26 millions de cigarettes par semaine.

"The English disease":
La bronchite est ainsi appelée parce que son taux de mortalité en Grande-Bretagne est le plus élevé au monde. Le tabac en est la principale cause.

SMOKING OUT THE LADY-KILLER

As the ranks of non-smokers swell, as the public areas in which smoking is permitted shrink, and as smokers grow more ashamed and furtive, people may well believe that the era of smoking is coming to a close – that it is only a question of time before we view cigarette smoking as a bizarre social and sexual rite best illustrated in old Hollywood movies. Everyone is aware of the perils of smoking and everyone is giving up the habit. The health lobby has won the war.

This vision of a dying custom is, unfortunately, far from reality. It is true that … in Britain, cigarette sales have fallen by 28% per cent and 9.5 million people have stopped smoking. But men are proving far more successful at stopping smoking than women. Furthermore, children and teenagers appear to be taking up the habit more eagerly than ever before – virtually all smokers start before they are 20 and once safely past that age the non-smoker rarely takes up the habit, and more teenage girls than boys are starting to smoke: by 1984, 24% of girls in their mid-teens smoked in comparison with only 17% of boys.

In *Beating the Ladykillers* (published in 1986), women describe their dependence on tobacco, how it seems to soothe away aggression and stress yet act as a stimulant whenever exhaustion or boredom set in. It analyses the way cigarettes appear to help with emotional swings, with demanding families, with lack of autonomy at work, and with not getting fat. Exploring these myths is the route to independence as to kick the habit one first needs to understand it. (**The Guardian**)

"In sickness and in health . . ."

Du temps de Shakespeare:

Hamlet	Ay, marry, why was he sent into England?
1 Clown	Why, because he was mad: He shall recover his wits there; or, if he do not, 'tis no great matter there.
Hamlet	Why?
1 Clown	'Twill not be seen in him there: there the men are as mad as he.

Au vingtième siècle:

"One characterisation of the British day would be that it began with a cup of tea and ended with a sleeping pill. We drug ourselves awake, drug ourselves asleep and spend much of our waking time drugging ourselves with television." (*Martin Harris*, **The Daily Telegraph**)

Quelques statistiques

Les Britanniques méritent-ils vraiment cette réputation de «fous», de névrosés réprimés, d'abrutis de drogues?

Il y a: 31 300 GPs (1 pour 2 040 personnes) et 11 746 pharmacies.

Ont consulté leur docteur:
Femmes: 4,7 fois par an
Hommes: 3,5 fois par an

Medicaments par personne:
1976: 6,5
1984: 7,1

Quelle est l'attitude des Britanniques envers leurs médecins?

‘ To visit the doctor's surgery is a time-consuming exercise. To start with, you have to obtain an appointment. This would be easier if you had advance warning of when you were going to fall ill, but if you happen to wake up one morning and find yourself dying, you are liable to discover, when you ring the surgery, that not only are all that day's appointments fully booked but Dr X is windsurfing in the Bahamas, Dr Y is at a lecture, and Dr Z is seeing emergencies only . . .

Through experience I have learned that there are various rules of waiting room etiquette. Never sit next to a child, because the chances are it will be sick on your feet. Read the posters at your peril – if they are not begging for your kidneys, spleen, or cornea, they will be telling you to get out and jog, or swim, or do something else frightfully hale and hearty. I am quite happy for anyone to have any bit of me they choose one day, but while I am still using them, I prefer to fill in the card and forget it . . .

Once in the inner sanctum, you are liable to forget completely what you came for in the first place. Rashes that have been irritating for days disappear from view, and that stomach ache that's had you doubled up in agony sounds rather pathetic when referred to briskly as 'a minor enteric disorder'. This is when that other symptom shows itself: guilt. You suddenly feel that you shouldn't be sitting here, discussing your intestines, or the fact that cheese makes you grumpy, when out there people are suffering from diseases more dire than you ever dreamed of.

If I get a prescription out of my doctor, I brandish it when I walk back through reception. That way, so my theory goes, the receptionist will see that I *was* ill after all – and next time my demise is in sight I may actually be considered deserving of an early appointment. (*Rosie Rushton*, **Woman & Home**) ’

Médecine à la carte: privée ou NHS?

François, étudiant en troisième année de médecine à la faculté de Montpellier, demande à son ami James, lui-même étudiant en médecine à Londres, de lui expliquer comment fonctionne le service médical britannique.

James   O.K. Le plus simple, c'est de te faire un petit guide pratique. Tu verras ainsi ce qu'il te faudrait faire si tu décidais de venir vivre en Grande-Bretagne.

Avant d'être malade: choisir son docteur (le GP (general practitioner))
Toute personne âgée de 16 ans au moins peut choisir son docteur. Une liste de docteurs peut être consultée auprès du *Local Family Practitioner Committee*. Pourvu que le docteur accepte, le nom du nouveau patient est inscrit sur la liste du docteur et une carte médicale lui est remise.
Private practice: Toute personne peut se rendre chez le médecin de son choix à titre privé.

Quand on est malade: visite du médecin ou consultation
84% des malades voient leur médecin à son cabinet, 13% le voient chez eux, 6% se contentent d'une communication téléphonique. 77% des malades reçoivent une ordonnance. Les consultations sont gratuites, si elles ont lieu dans le cadre du NHSS, mais il faut payer si elles sont à titre privé.

Après la visite du médecin: à la pharmacie.
Quels que soient le nombre et le coût des médicaments prescrits par le docteur, on paie une somme fixe, pour toute ordonnance, et certaines catégories de personnes sont exemptées de tout paiement.
Les médicaments sont souvent remis au patient dans des flacons contenant la quantité exacte requise, sous forme de pilules, gélules, et sirops.

James   Ampoules et suppositoires ne sont pas très appréciés ici! Je crois que cette petite histoire que mon ami Peter m'a racontée t'amusera. C'est arrivé à sa belle-mère, Mme Lemoine:

«Lors d'un séjour à Londres, chez sa fille Catherine, Mme Lemoine tombe malade. Accompagnée de Catherine, elle se rend chez le *GP* de la famille. Ce dernier l'ausculte rapidement – il a encore 15 personnes à voir dans l'heure qui suit – il rédige une ordonnance et leur dit aimablement au revoir. Durée de la visite: 3mns. Mme Lemoine commence à se remettre du choc de cette visite-éclair, lorsqu'un deuxième choc finit de l'anéantir. Le médecin ne lui a prescrit qu'un seul, qu'un pauvre petit médicament, un antibiotique, qui a vraiment l'air minable dans ce flacon marron. «Je n'ai que ça? Il n'y a rien d'autre? Quelle différence!» murmure-t-elle.»

Je ne sais si elle est repartie en France guérie ou non!

James   Et maintenant, le plus difficile! Je vais essayer de t'expliquer l'organisation du NHS; tu verras ainsi que les Français ne sont pas les seuls à aimer la bureaucratie.

SECRETARY OF STATE
fixe la politique de la santé
distribue les fonds nécessaires
aux autorités régionales (*Health authorities*)

REGIONAL HEALTH AUTHORITIES (RHA)
14 en Angleterre
Président et membres sont nommés par le *Secretary of State*
déterminent la stratégie à long terme
élaborent des plans d'actions destinés aux *DHA*
responsables de certains services (la transfusion du sang)

DISTRICT HEALTH AUTHORITIES (DHA)
environ 200 existent
président est nommé par le *Secretary of State*
16–20 membres choisis par les autorités locales et le *RHA*
s'occupent de tous les services de santé
couvrent un *district* (860,000 personnes maximum)

... Afin de critiquer, positivement bien sûr, des décisions prises par le *DHSS* et d'en surveiller l'application au niveau du *district*, on a des *Community Health Councils*. Chaque *council* comprend de 18 à 24 membres nommés par les autorités locales, par des organisations bénévoles, ou par le *RHA*.

François   Ouf! Mais dis-moi, d'où vient le financement du *NHS*?
James   86% proviennent d'impôts directs et indirects, levés par le gouvernement, 8,5% des cotisations *National Insurance Contributions*, et 2,5% du paiement des ordonnances. En 1986 le coût total du *NHS* était environ de £17½ millions.

James	Étudions maintenant un aspect particulier de la médecine britannique, celui de la médecine privée. Deux systèmes, en effet, coexistent: l'un privé, l'autre, d'état.
François	Quelle est l'importance du système privé?
James	En 1984 par exemple, 4,4 millions de personnes, c'est-à-dire 8% de la population, avaient choisi de se passer du NHS et de n'avoir recours qu'à la médecine privée.
François	J'imagine que cette situation a fait l'enjeu de débats politiques sans fin, mais qu'en pensent les Britanniques eux-mêmes?
James	Regarde ce qu'en disent les statistiques.

Levels of satisfaction with the NHS. Which views do you support? You may choose more than one.

	%		%
Very satisfied	11	Private medical treatment in Britain should be abolished	10
Quite satisfied	44		
Neither	20		
Quite dissatisfied	18	Private treatment in NHS hospitals should be abolished	26
Very dissatisfied	7		

Proportions expressing dissatisfaction with 'the way in which each of these parts of the NHS runs nowadays'.

	%		%
		The present arrangements for private medical treatment and the NHS are about right	41
Local doctors or GPs	13	Private treatment outside NHS hospitals should be encouraged to expand	26
National Health Service dentists	10		
Health visitors	6		
District nurses	2	Private treatment generally should be encouraged to expand	20
Being in hospital as an in-patient	7	None of these	4
Attending hospital as an out-patient	21		

There are higher than average levels of dissatisfaction in London (especially) and the South East, where the problems of the NHS have received a great deal of press attention during the last few years. By contrast in Scotland the satisfaction ratings (66%) are comfortably higher than in any other region.

On the issue of private medicine, the division of opinion is much more ideological than demographic. No clear class, age, or even income divisions emerged. Apart from party divisions, only the self-employed stood out as particular supporters of private medical treatment; and only the Scots stood out as particular opponents.

James	Enfin, je crois que la petite histoire ci-dessous illustre parfaitement les deux aspects les plus souvent critiqués du NHS: une bureaucratie lourde et inhumaine et des listes d'attente beaucoup trop longues.

Health bosses are investigating how a letter was sent to a Doncaster woman telling her there was no bed for her hospital admission – nearly 14 years after she died.
(*The Doncaster Star*)

La préoccupation particulière des Anglais!

Tout Français qui vient passer un certain temps en Grande-Bretagne est frappé par la grande préoccupation des Britanniques en ce qui concerne la constipation. Il n'en revient pas quand on lui raconte le succès phénoménal du livre d'Audrey Eyton, The F-Plan diet, qui s'est vendu à trois millions d'exemplaires dans la première année de sa publication en 1984. Il est également déconcerté quand, au moment du petit déjeuner, il se trouve face à face avec un paquet dont le contenu lui semble mystérieux et qui lui demande:

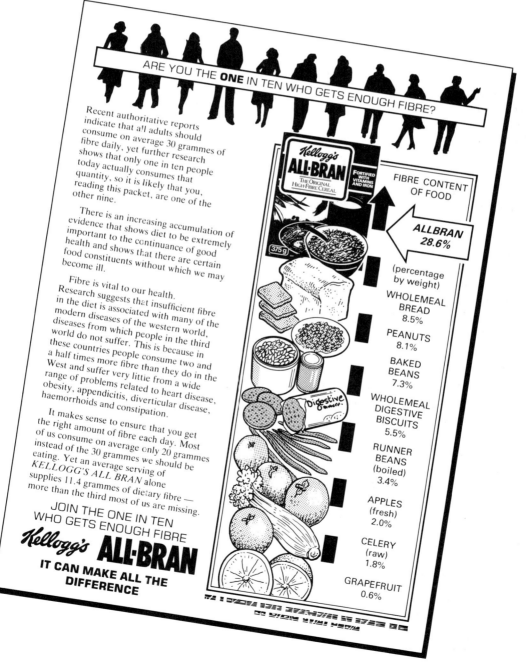

3 *L'*année

Le calendrier des voyageurs:

Chaque année, la SNCF publie un calendrier indiquant aux voyageurs les jours de grands départs (période rouge), jours où il vaut mieux éviter de voyager.
(C = Civiles; R = Religieuses)

Le Jour de l'An: Le premier janvier (C)

Janvier 87

Jeudi	1
Vendredi	2
Samedi	3

Dimanche	4

On se souhaite une bonne et heureuse année. On s'envoie aux uns et aux autres des cartes de vœux où on présente ses meilleurs vœux pour la nouvelle année. On offre parfois des petits cadeaux ou de l'argent: *les étrennes*. On réveillonne dans la nuit du 31 décembre au 1er janvier. Au menu: huîtres, boudin blanc, bûche glacée . . . *le tout arrosé de champagne.*

Lundi	5

L'Épiphanie (R)

On mange en famille un gâteau plat, la *galette des rois*. A l'intérieur s'y trouve une fève. Celui ou celle qui la trouve devient roi ou reine de la fête, porte une couronne et choisit son roi ou sa reine.

Pâques (R)

Avril 87

Vendredi	17
Samedi	18
Dimanche	19
Lundi	20

On donne aux enfants des œufs, poules, lapins etc. en chocolat. Ils sont souvent cachés dans le jardin où les enfants doivent les découvrir. Dans le sud de la France, on fait cuire *l'omelette pascale*, en plein air, sur un feu de joie; c'est le premier pique-nique de l'année.

La fête du travail (C)

Mai 87

Vendredi	1
Samedi	2
Dimanche	3
Lundi	4

Les travailleurs défilent dans les rues. C'est aussi la fête du muguet: des vendeuses aux corbeilles remplies de brins de muguet en proposent aux passants. Il est de tradition que les hommes en offrent aux dames!

Mardi	
Mercredi	6
Jeudi	7
Vendredi	8
Mercredi	27
Jeudi	28

Le huit mai (C)

Anniversaire de la victoire des Alliés en 1945. Des cérémonies du souvenir ont lieu partout en France.

L'Ascension (R)

Jour férié dont l'origine religieuse (l'ascension du Christ au ciel 40 jours après Pâques) est de plus en plus oubliée des Français. Ceux-ci l'apprécient cependant beaucoup car, en faisant le pont avec le vendredi, ils obtiennent un long week-end de quatre jours.

Juin 87

Vendredi	5
Samedi	6
Dimanche	7
Lundi	8

La Pentecôte (R)

Comme pour l'Ascension les Français profitent de ces deux jours fériés pour partir à la campagne. Les bouchons sur la route sont à craindre!

Le 14 juillet (C)

Fête nationale

Anniversaire du 14 juillet 1789, prise de la Bastille à Paris. Des bals populaires et des feux d'artifice, à travers le pays célèbrent le début de la Révolution et l'origine de la République française. A Paris le Président et autres dignitaires assistent à une revue militaire sur les Champs-Élysées.

Le 15 août (R)

Bien qu'elle ait beaucoup perdu de son caractère religieux, cette grande fête de l'été est encore considérée par bon nombre de Français comme « la fête de la Sainte Vierge. » Elle marque, en effet, l'ascension de la Vierge Marie aux cieux, moment important dans le calendrier de l'Église Catholique.

La Toussaint (R)

Les Français confondent le 1er novembre, jour de tous les Saints, et le lendemain, le jour des Morts. Ils sont de 60% à 70% à aller fleurir les tombes dans les cimetières. Le chrysanthème est la fleur traditionnellement choisie ce jour-là; c'est pourquoi il est considéré de mauvais goût de l'offrir en d'autres circonstances.

Le 11 novembre (C)

Jour férié qui commémore l'armistice de 1918.

Noël (R)

Les festivités commencent après la messe de minuit, avec le réveillon. On y déguste, si on en a les moyens, ce qu'il y a de meilleur et de plus coûteux-huîtres et foie gras, par exemple. Père Noël passe dans la nuit pour apporter les cadeaux aux enfants qui laissent, si possible, leurs souliers devant la cheminée ou au pied de leur lit. Dans certaines familles la distribution des présents se fait le 24 au soir. La dinde, souvent servie avec des marrons, et la bûche de Noël sont les plats traditionnels, le champagne ou à défaut un vin mousseux étant de rigueur.

Juillet 87

Vendredi	10
Samedi	11
Dimanche	12
Lundi	13
Mardi	14
Mercredi	15

Août 87

Vendredi	14
Samedi	15
Dimanche	16
Lundi	17

Octobre 87

Vendredi	31

Novembre 87

Samedi	1
Dimanche	2

Mardi	11
Mercredi	12

Décembre 87

Vendredi	19
Samedi	20
Dimanche	21
Lundi	22
Mardi	23
Mercredi	24
Jeudi	25

Fêtes et traditions en Grande-Bretagne

Lettre de Catherine à sa soeur

Chère Isabelle,

Je t'envoie ci-joint le résumé des fêtes en Grande-Bretagne que tu m'as demandé de te faire. J'espère que tu en seras satisfaite et que tu y trouveras tous les renseignements dont tu as besoin pour ton exposé d'anglais. Bien sûr il y a ici comme en France beaucoup de fêtes et de traditions locales dont je n'ai pas parlé car ce serait trop compliqué et surtout trop long. Bonne chance et bon courage!

Grosses bises Catherine

ILE CALENDRIER DES FÊTES: C = civiles
R = Religieuses.

New Year's day   Le premier janvier   C
Surtout fêté en Écosse. Hogmanay: Terme écossais désignant le dernier jour de l'année. On pense que l'origine en remonte à l'alliance franco-écossaise pendant le 16ème et 17ème siècles.
Une des grandes traditions du Hogmanay est celle du *first footing*. Comme il est considéré de bon augure d'avoir comme premier visiteur dans la maison un jeune homme, célibataire, aux cheveux noirs, les jeunes hommes remplissant les conditions requises, profitent de l'hospitalité ainsi offerte, en allant *first footing*. Ils emportent avec eux une bouteille, d'habitude de whisky, un peu de nourriture, de l'argent et un morceau de charbon. Selon la croyance populaire, les maisons ainsi visitées auront de quoi boire et manger, de quoi se chauffer et ne manqueront pas d'argent. Il est considéré de mauvais augure de partir de chez soi avant que quelqu'un de l'extérieur ne vous ait rendu visite.
Le Nouvel An est une fête très importante, pour laquelle on revêt ses plus beaux habits, on nettoie de fond en comble la maison, et on accueille cordialement quiconque frappe à la porte . . . *A guid Noo Yare tae ain an ah.* (A good New Year to one and all).

Good Friday: R
Il est de coutume de manger des *hot cross buns*, sorte de petite brioche aux raisins secs et parfumée aux épices.
Moi, j'adore!

Easter Monday: R Jour férié.

May Day: C
Jour férié c'est toujours le premier lundi de Mai et non pas nécessairement le 1er Mai.
Summer Bank Holiday: C   Jour férié.
Spring Bank Holiday: C   Jour férié.

Christmas: R

Ah, Christmas, en Angleterre, c'est quelque chose! Par quoi vais-je commencer? les stockings? les crackers? le Christmas pudding?

Le 24 au soir, les enfants accrochent au pied de leur lit un *stocking*. Pendant la nuit *Santa Claus* passe y mettre des cadeaux.

Un repas traditionnel de Noël comprend une dinde et, en dessert, un *Christmas pudding* que l'on fait flamber et que l'on sert avec du *brandy butter*. A la fin du repas, après le fromage (souvent un morceau de Stilton), on boit du porto tout en grignotant des noix, des figues sèches et des dattes.

A trois heures de l'après-midi la famille regarde à la télévision le discours de la Reine.

Au moment du thé, on déguste le *Christmas cake* si on en a encore la force!

J'ai oublié de te dire aussi qu' au cours du repas, on tire les *crackers* à l'intérieur desquels se trouvent des petites bricoles en plastique (le plus souvent), des plaisanteries et des chapeaux en papier, extraordinaires!

Boxing Day: Le lendemain de Noël.

On l'appelle ainsi parce qu'à l'époque, victorienne c'était le jour où les domestiques recevaient leurs cadeaux de Noël de leurs employés (l'équivalent de nos étrennes.).

Voilà, je pense avoir fait le tour des fêtes qui sont aussi jours fériés. Comme tu vois, il n'y en a pas beaucoup! Mais, il en existe trois autres qui, bien qu'elles ne donnent pas droit à un jour de congé, occupent une place importante dans le calendrier des réjouissances, surtout pour les enfants.

Shrove Tuesday:
C'est Mardi Gras et comme en France on mange des crêpes.

Halloween:
D'origine américaine, cette fête des sorcières est vraiment destinée aux enfants qui en profitent pour se déguiser et qui, si leurs parents les autorisent, vont *trick or treat*. Ce qui veut dire qu'ils vont de maison en maison demander une friandise. Si on la leur refuse, ils vous jouent un tour!

Guy Fawkes Night: C   5 Novembre.
Imagine: processions aux flambeaux, feux de joie, feux d'artifice, et pour couronner le tout, une effigie qu'on brûle! Bizarre, non? Ne t'inquiète pas, l'effigie est celle d'un dénommé Guy Fawkes, qui a été exécuté en 1605 parce qu'il avait essayé de faire sauter le *Parlement*!

La semaine française

L'almanach des PTT:

1986 JUILLET ☺ 3 h 53 à 19 h 56	AOUT ☺ 4 h 25 à 19 h 28
1 M S. Thierry	1 V S. Alphonse
2 M S. Martinien	2 S S. Julien-Ey.
3 J S. Thomas	3 D Se Lydie
4 V S. Florent	4 L S. J.M.Vianney
5 S S. Antoine	5 M S. Abel
6 D Se Mariette	6 M Transfiguration
7 L S. Raoul	7 J S. Gaétan
8 M S. Thibaut	8 V S. Dominique
9 M Se Amandine	-9 S S. Amour
10 J S. Ulrich	10 D S. Laurent
11 V S. Benoît	11 L Se Claire
12 S S. Olivier	12 M Se Clarisse
13 D SS.Henri,Joël	13 M S. Hippolyte ☽
14 L F. NATIONALE ☽	14 J S. Evrard
15 M S. Donald	15 V ASSOMPTION
16 M N.D.Mt-Carmel	16 S S. Armel

Fête du Saint Patronyme: Chaque jour porte le nom d'un saint.
Outre leur anniversaire, les Français se souhaitent une bonne fête lorsque le jour porte leur prénom. Par exemple, on fête les Olivier le 12 juillet.

Les beaux dimanches

❮❮ Il n'est pas interdit de penser que, si l'Angleterre n'a pas été envahie depuis 1066, c'est que les étrangers redoutent d'avoir à y passer un dimanche.
Mais il est permis- si l'on compare le dimanche anglais qui vous contraint à l'ennui au dimanche français qui vous oblige à l'amusement- de se demander quel est celui des deux qui est, en définitive, le plus dur à passer.

Beaucoup de Français s'interrogent toute la semaine sur ce qu'ils feront le dimanche. Très souvent le dimanche arrive sans qu'ils aient répondu à la question ...

Tandis que mes compatriotes traversent *at home* cette journée d'immobilisme dans ce qu'ils ont de plus stoppé, laissant seuls quelques nouveaux riches sans éducation s'habiller correctement, les Français sortent de chez eux repeints pour se produire dans leurs plus beaux atours: *le costume du dimanche.* Le fin du fin pour un Français est d'être *tiré à quatre épingles,* expression qui ne possède pas plus que **❯❯** *s'endimancher,* d'équivalent exact dans la langue de Shakespeare.

(***Carnets du Major Thompson***, P. Daninos.)

Que peuvent-ils donc bien faire, le dimanche?

Le dimanche matin, ils peuvent aller: à la messe, au marché, au musée, au café, et dans toutes sortes de magasins d'alimentation.

Le dimanche après-midi: au cinéma, aux courses hippiques, aux matchs de football, à des compétitions sportives ... Mais le dimanche est devenu le jour du sport pour 69% des Français, du moins c'est ce qu'ils affirment lors d'enquêtes.

Comme le repas dominical reste une tradition encore bien vivante il faut croire qu'ils pratiquent ces sports, le jogging et le vélo surtout, le matin pour s'ouvrir l'appétit. Dans l'ensemble, 60%, ils considèrent le dimanche comme un jour à part et seuls 11% le haïssent ...

La semaine anglaise

Les Français désignent par ce terme la semaine telle qu'elle est vécue en Grande-Bretagne: c'est-à-dire, allant du lundi au vendredi, sans coupure au milieu, et suivie de deux jours de repos: le week-end (la fin de semaine).

Le *Sunday* anglais vu par un Britannique . . .

The French would never have made a film called **Sunday Bloody Sunday** or even **Dimanche Bloody Dimanche**. When it comes to bloodiness, dimanches just aren't in the same class as Sundays. The continental Sunday is traditionally a feast day. The English Sunday is a day of abstinence and gloom.

The English always feel a sense of liberation when they cross the Channel. This is not just because of traditional French seriousness about art, sex, drink and all other things that Englishmen take with a sheepish grin, it is also because, in France, you have escaped the English bloody Sunday.

On Sundays, the English must be bored, that is the law. The English Sunday is characterized not by the things you do but by the things you don't do and are not allowed to do. People don't work, not because they have better things to do but because it is the Englishman's right and duty to be bored out of his mind all day on Sunday.

I am not speaking out in favour of the secularization of Sunday. Far from it, and anyway, that has already been achieved. I am in favour of restoring Sunday as a feast day. (*Simon Barnes*, **The Times**)

. . . Et vu par un Français

L'Angleterre est le seul pays au monde où le gouvernement ait créé un comité, le *Crawthorne Committee*, pour étudier ce qu'il est permis de faire le dimanche et notamment dans quelle mesure on peut s'y amuser. En principe un Anglais ne peut rien faire ce jour-là, sinon se promener ou rester chez lui après avoir chanté des hymnes dans la chapelle de sa paroisse. Presque toutes les formes de distraction et de sport ont été, tour à tour, interdites au cours de l'histoire. Le *Sunday Entertainment Act* de 1932 a permis l'ouverture des cinémas, des jardins botaniques, des aquariums et des salles de conférences; mais le théâtre, la danse, les sports professionnels ou les réunions publiques demeurent interdites . . .

Oasis de paix, de calme et de sérénité dans le tourbillon de la vie moderne, le dimanche anglais a autant de charmes que de vertus. En épargnant au corps la plupart des tentations qui le harassent en semaine, il permet au cœur et à l'esprit de prendre leurs distances avec la vie et de goûter les simples joies qui font les âmes fortes. Le dimanche est le dernier asile des valeurs traditionnelles de l'Angleterre. Le jour où il ne sera plus qu'un jour ordinaire, les Anglais risquent fort de s'apercevoir qu'ils ont à jamais cessé d'être le peuple élu.
(**L'Angleterre un monde à l'envers**, *Paul-Michel Villa*)

Les vacances

Finies les vacances! . . .

Ça fait grand plaisir de retrouver son bureau . . .

Un mois d'absence ça compte! . . .

Il va falloir mettre les bouchées doubles . . .

Commençons tout de suite . . .

Ah! d'abord un coup de fil important!

L'Hôtel des Neiges? Je voudrais réserver une chambre pour les vacances de Noël . . .

Quelques chiffres

TAUX DE DÉPART EN VACANCES									(%)
	1965	1969	1977	1978	1980	1981	1982	1983	1984
Période d'été	41.0	...	50.7	51.7	53.3	54.3	54.5	55.2	53.9
Période d'hiver	...	...	17.9	20.6	22.7	23.8	s24.6	24.3	26.2
Ensemble de l'année	...	45.0	53.3	56.0	57.2	57.2	57.8	58.3	57.4

La grande transhumance humaine:

Chaque année, les Français émigrent à la même époque, vers les mêmes endroits.

    40,3% d'entre eux partent en juillet

    39,1% d'entre eux partent en août

    4,8% en mai, 8,6% en juin, 7,2% en septembre.

45,5% vont à la mer.

23,1% vont à la campagne.

16,1% à la montagne, 8,4% à la ville,

6,9% font un circuit.

Pays de destination	1978	1984	Pays de destination	1978	1984
Andorre, Espagne, Portugal	38.1	34.3	Europe de l'Est (y compris URSS)	2.2	1.9
Italie	16.1	16.3	Pays à destination lointaine (b)	5.1	7.0
Algérie, Maroc, Tunisie	11.8	15.4	Circuits	3.2	1.7
Grèce, Monaco, Turquie, Yougoslavie	5.9	7.1	**Ensemble**	100.0	100.0
Iles britanniques	6.4	5.1	**Nombre de séjours (milliers)**	5 990	6 119
Europe de l'ouest [autres pays]	11.2	11.2	(a) Autres pays CEE, Autriche, Finlande, Islande, Norvège, Suède, Suisse.		
			(b) Afrique sauf Maghreb, Amériques y compris USA, Asie sauf Turquie et URSS, Océan.		

5 vacanciers sur 6 restent en France. Lorsqu'ils voyagent ils partent vers le soleil:

- Indépendants, ils n'aiment pas beaucoup les voyages organisés. Seuls 8% d'entre eux y ont recours.
- Ils aiment les longues vacances: la durée moyenne des séjours est d'environ 24,7 jours.

M et Mme Lejeune décident de partir en vacances cette année. Depuis trois ans ils restent chez eux en été pour des raisons d'économie, mais M. Lejeune vient d'avoir une promotion au bureau et ils peuvent maintenant s'offrir quinze jours de repos à la mer. Ils ont choisi l'endroit où ils veulent aller, *La Baule* sur la Côte Atlantique, mais hésitent encore sur le mode d'hébergement:

M. Lejeune	On pourrait louer une villa ou un appartement, mais c'est coûteux.
Mme Lejeune	J'aimerais bien aller à l'hôtel; rien à faire, ce serait merveilleux.
M. Lejeune	Tu rêves! on n'en a pas les moyens.
Mme Lejeune	On pourrait peut-être rester chez ta tante Irma?
M. Lejeune	Impossible. Ça fait au moins dix ans que je lui ai donné signe de vie.
Mme Lejeune	Et bien faisons du camping et un jour peut-être nous nous achèterons une petite maison secondaire ...

Quel hébergement les Français choisissent-ils en vacances?

		(%)
Selon le mode d'hébergement	Hiver	Été
Hôtel	14.9	5.0
Location	13.8	16.6
Résidence secondaire	11.5	13.8
Parents et amis	49.8	35.7
Tente et caravane	1.9	21.7
Autres	8.1	7.2
Ensemble	100.0	100.0

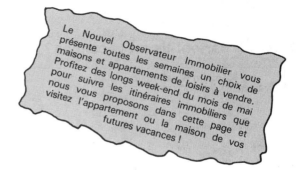

Le Nouvel Observateur Immobilier vous présente toutes les semaines un choix de maisons et appartements de loisirs à vendre. Profitez des longs week-end du mois de mai pour suivre les itinéraires immobiliers que nous vous proposons dans cette page et visitez l'appartement ou la maison de vos futures vacances!

Pour tout savoir avant d'acheter, vendre ou louer votre résidence de loisir, lisez le

1er Guide de l'Immobilier de Loisir

Les résidences secondaires

La France possède le plus grand parc de résidences secondaires au monde (par rapport à sa population). 11,7% des ménages possèdent une résidence secondaire. C'est chez les cadres supérieurs que le taux de possession est le plus élevé (31%) et chez les agriculteurs qu'il est le plus bas (3%).

Dans la plupart des cas, cette résidence (dont 80% des cas une maison) a été acquise à la suite d'un héritage. Beaucoup de vieilles bâtisses, dans des villages en déclin, sont retapées avec amour, chaque week-end, par des citadins à la recherche de la nature.

Vivement les vacances!

Combien sont-ils à pouvoir s'échapper de la monotonie quotidienne, à pouvoir profiter d'un changement d'air et de cadre de vie, à pouvoir savourer les plaisirs du dépaysement?

Proportion of British Adults Taking 4+ Night Holidays

	'76 %	'77 %	'78 %	'79 %	'80 %	'81 %	'82 %	'83 %	'84 %	'85 %	'86 %
ANY HOLIDAY IN:											
Great Britain	52	49	49	49	47	45	42	41	43	40	39
Ireland	1	1	2	1	1	1	1	1	1	1	1
Abroad	13	12	15	17	19	21	22	23	24	23	27
One Holiday	44	42	42	43	43	40	40	38	40	37	40
Two	14	12	14	14	14	15	14	14	13	14	14
Three +	4	5	6	5	5	6	6	6	7	6	6
One Holiday	61	59	61	63	62	61	59	58	61	58	60
No Holiday Taken	39	41	39	37	38	39	41	42	39	42	40

Duration of Holiday

Holidays lasting from the minimum of four nights up to seven nights were the most frequent length of British holidays in 1986. They accounted for 71% of long holidays in this country. A further 24% lasted for between one and two weeks, and 5% involved spending more than two weeks away from home. The average length of British holidays was 8.5 nights. In contrast the average length of a holiday abroad was 13.6 nights.

Quand partent-ils en vacances?

Month in which holiday started, 1986

	Britain[1] %	Abroad[2] %
Holiday Began in:-		
May	10	10
June	14	13
July	19	15
August	24	16
September	12	13
Other months	19	32

[1]Holidays of 4+ nights.　　　[2]Holidays of 1+ nights.

Type of accommodation used on holiday, 1986

	IN BRITAIN[1] %	HOLIDAY ABROAD[2] %
Licensed Hotel, Motel	20	55
Guest House, Pension etc.	7	3
Friends'/Relatives' Home	23	26
Caravan	21	2
Rented House, Flat	13	18
Holiday Camp	9	*
Camping	3	3
Paying Guest, Private House	1	*
Youth Hostel	*	1
Boat (including cruises)	1	2
Own Villa, Flat	1	4
Aparthotel	–	1
Other	3	*

[1]Holidays of 4+ nights.　　　[2]Holidays of 1+ nights.
*less than 0.5%

Où vont ils?

Countries Stayed in for Four Nights or More on Holidays (1+ nights) Taken Abroad

Country	1985	1986
	%	%
Spain, including islands	31	34
France, including Monaco	13	12
Greece, including islands	8	9
Italy, including islands	5	5
Austria	4	4
Portugal	4	4
Republic of Ireland		
West Germany	4	3
Yugoslavia	3	3
Netherlands	2	2
Switzerland	2	2
ALL IN EUROPE	85	84
USA	3	4
Canada	2	2
ALL NON-EUROPE	10	9

Comment?

British Holidays[1]		Abroad Holidays[2]	
	%		%
Inclusive	14	Inclusive	62
Independent	86	Cruise	1
		Independent	37

[1]Holidays of 4+ nights　　　[2]Holidays of 1+ nights

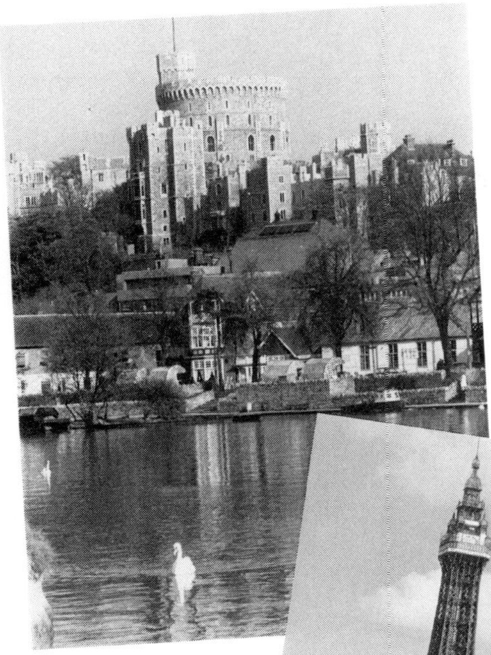

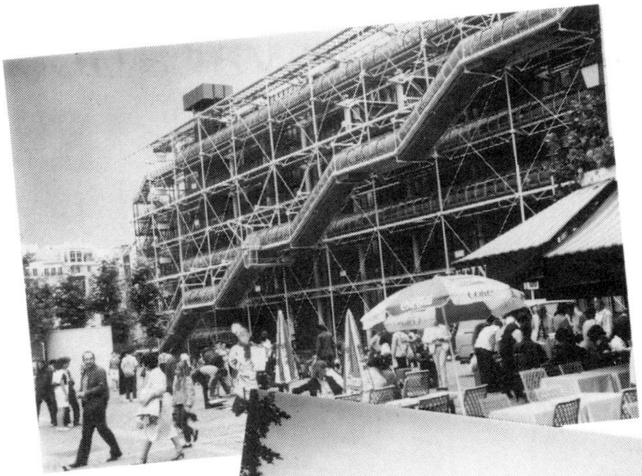

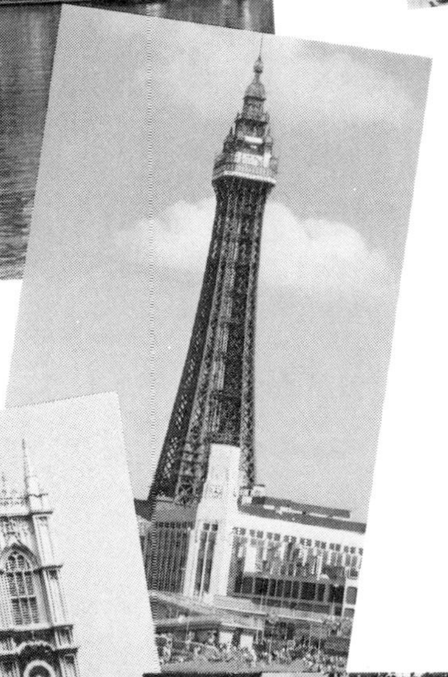

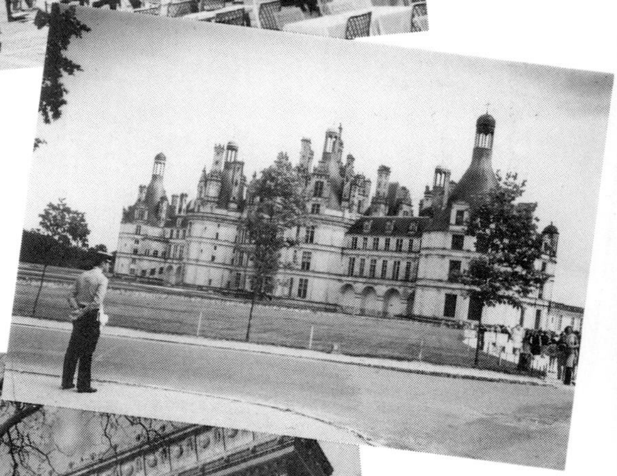

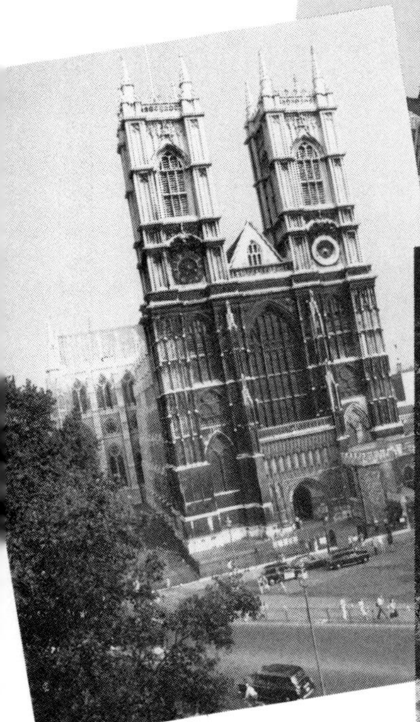

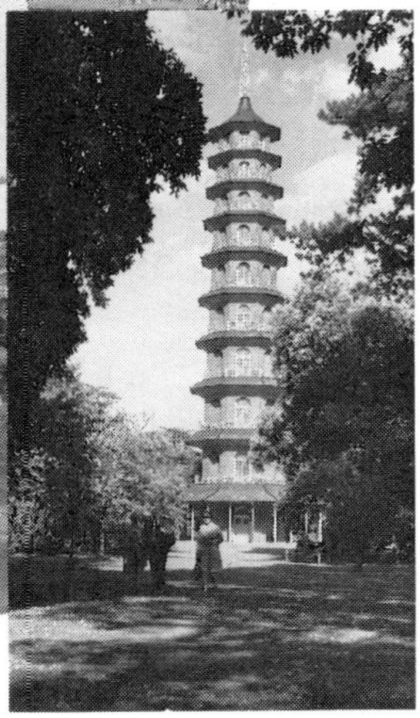

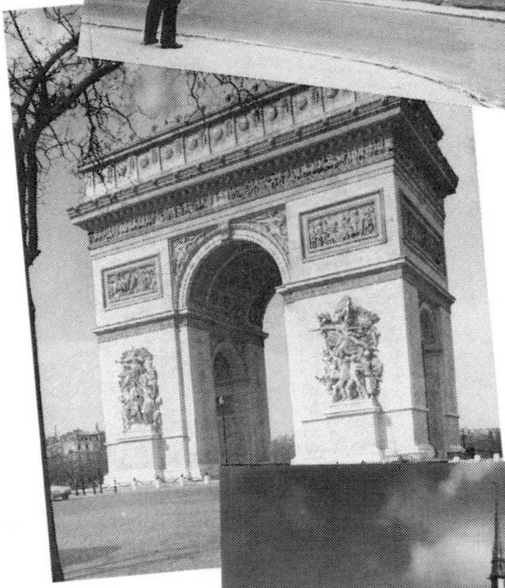

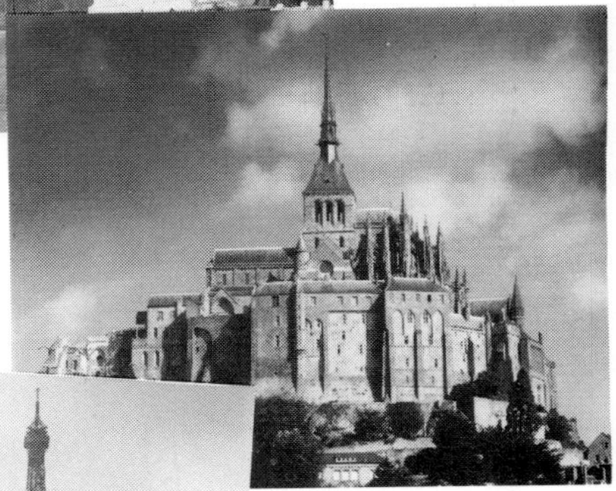

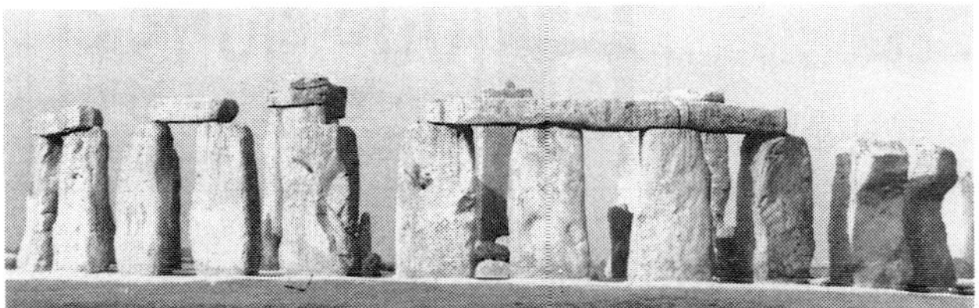

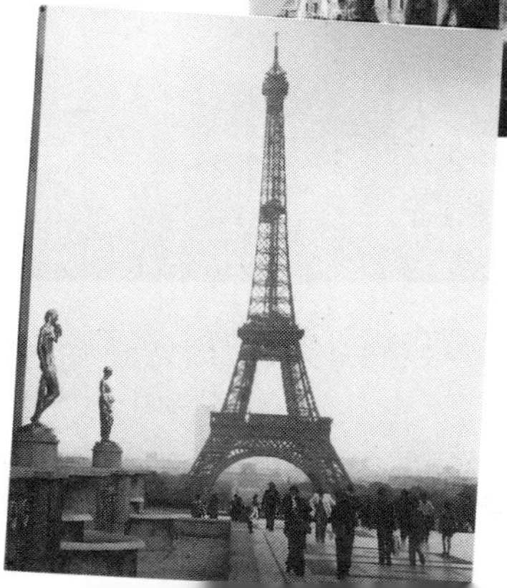

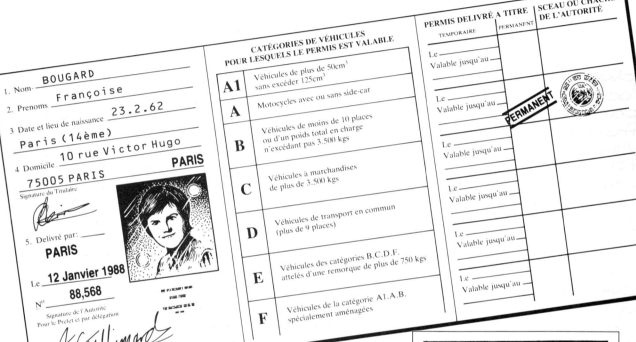

	CATÉGORIES DE VÉHICULES POUR LESQUELS LE PERMIS EST VALABLE		PERMIS DÉLIVRÉ A TITRE		SCEAU OU CACHET DE L'AUTORITÉ
			TEMPORAIRE	PERMANENT	

1. Nom: **BOUGARD**

2. Prenoms: *Françoise*

3. Date et lieu de naissance: 23.2.62
Paris (14ème)

4. Domicile: 10 rue Victor Hugo **PARIS**
75005 PARIS

Signature du Titulaire

5. Delivré par: **PARIS**

Le 12 Janvier 1988

N° 88,568

Signature de l'Autorité
Pour le Préfet et par délégation

A. Gallimard
A. GALLIMARD

A1	Véhicules de plus de 50cm³ sans excéder 125cm³	
A	Motocycles avec ou sans side-car	
B	Véhicules de moins de 10 places ou d'un poids total en charge n'excédant pas 3.500 kgs	
C	Véhicules à marchandises de plus de 3.500 kgs	
D	Véhicules de transport en commun (plus de 9 places)	
E	Véhicules des catégories B.C.D.F. attelés d'une remorque de plus de 750 kgs	
F	Véhicules de la catégorie A1.A.B. spécialement aménagées	

PERMANENT

Le ___
Valable jusqu'au ___

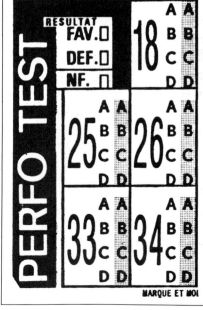

Le permis de conduire

Françoise, jeune Parisienne, écrit à son amie galloise et correspondante de longue date. Elle vient d'avoir 18 ans et comme beaucoup de jeunes Français et Françaises, vient de passer son permis de conduire, après avoir pris des leçons avec une auto-école.

Paris le 15 janvier 1988

Chère Megan,

Je suis désolée de ne pas t'avoir écrit plus tôt, mais je viens de passer mon permis de -conduire. Quelle épreuve ! D'abord j'ai dû apprendre par cœur le "code Rousseau", (la bible du conducteur Français !) avant de pouvoir passer l'épreuve audio-visuelle sur le code de la route. On nous a posé 40 questions auxquelles nous devions répondre sur une carte perfo-test; pour réussir il faut en avoir au moins 35 de justes. Je n'ai fait que deux erreurs; je suis donc assez fière de moi-même ! Après le -code j'ai affronté l'épreuve de conduite; un vrai -calvaire... Enfin, je ne m'en suis pas trop mal tirée, même mon créneau a été plutôt réussi. Quel soulagement lorsqu'à la fin l'inspecteur m'a donné une feuille rose, mon permis provisoire ! J'ai aussitôt acheté un (90) que je dois poser à l'arrière de ma voiture et garder pendant un an. Ça va être dur de respecter cette limitation de vitesse ; 90 km/h, ça n'est pas très rapide...
Donne-moi bientôt de tes nouvelles. J'espère venir te voir à Pâques, en voiture bien sûr !
Grosses bises,

Françoise

Pour un voyage sûr et certain

Ces deux motards vont s'assurer que les conducteurs ne commettent pas de graves imprudences. Ils seront impitoyables envers ceux qui ne respecteront pas les trois grands règlements de la route concernant :

- le dépassement
- la priorité de passage
- la limitation de vitesse

Le dépassement

- Pour dépasser, je ne dois jamais chevaucher ou franchir une ligne continue.

La priorité à droite

AB 1. Céder le passage aux usagers venant de droite.

(Priorité à droite).

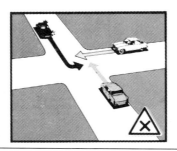

1. La noir avance.
2. La blanche passe derrière la rouge.
3. La grise passe.
4. La noire passe derrière la grise.

La limitation de vitesse

- Je dois toujours rester maître de ma vitesse et conduire avec prudence en respectant les limitations de vitesse et en choisissant la vitesse adaptée aux circonstances.
- On ne se rend pas bien compte de la vitesse à laquelle on roule, c'est pourquoi il est indispensable de jeter souvent un coup d'œil à l'indicateur de vitesse (compteur).

Je dois respecter les vitesses maximales autorisées suivant les catégories de routes et les conditions atmosphériques :		
	Conditions normales de circulation	Temps de pluie et autres précipitations. (essuie-glaces en fonctionnement).
Autoroutes de liaison :	130 Km/h	110 Km/h
Autoroutes en zone d'habitat dense munies de panneaux 110	110 Km/h	100 Km/h
Routes à deux chaussées séparées par un terre-plein :	110 Km/h	100 Km/h
Autres routes :	90 Km/h	80 Km/h
Agglomération :	60 Km/h	60 Km/h

Note: Vous pouvez être arrêté par la police pour beaucoup d'autres infractions. Les trois règlements ci-dessus sont ceux qui peuvent surprendre un étranger en France.

Attention police, *gare au gendarme*!

Françoise a intérêt à respecter le code de la route si elle ne veut pas se faire arrêter par la Police ou la Gendarmerie.

La Police Nationale.

C'est une police d'État qui échappe totalement à l'autorité des élus locaux. Elle se trouve sous l'autorité directe du Ministre de l'Intérieur. Ses services régionaux et départementaux sont sous l'autorité d'un Préfet (Préfet de Police) qui est nommé par le gouvernement. Les policiers sont des fonctionnaires de l'État mais ils n'ont pas le droit de grève.

La Police Nationale comprend environ 144 000 membres, dont les CRS (Compagnie Républicaine de Sécurité), au nombre de 15 000, qui interviennent en cas d'émeutes, ou de situations dangereuses. Leur présence, surtout dans les quartiers d'étudiants comme le Quartier Latin à Paris, est souvent profondément ressentie.

La Gendarmerie

Das les villes de moins de 10 000 habitants il n'y a pas de Police. C'est la Gendarmerie qui remplit les fonctions de police.

La Gendarmerie est une composante de l'armée et ses membres, environ 6 000 officiers et sous-officiers, sont des militaires. Elle est placée sous l'autorité du Ministre des Forces Armées.

Depuis 1850, une «brigade» est installée dans chaque canton. Comme les policiers, les gendarmes sont armés lorsqu'ils sont en service, mais à la différence de la Police Nationale, ils sont soumis à la discipline militaire, vivent en caserne et ne possèdent pas de droit syndical.

"The boys in blue"

Scotland Yard et le fameux 'bobby' symbolisent la police britannique aux yeux des étrangers.

La police londonienne dont le siège se trouve à Scotland Yard fut mise en place en 1829 par Robert Peel (Metropolitan Act); par rapport aux autres forces de police qui existent dans le reste du pays, elle constitue un cas spécial car elle est placée directement sous l'autorité du ministre de l'intérieur (Home Secretary).

En dehors de Londres, l'organisation des forces de police a été considérablement modifiée en 1972 par le décret du gouvernement local (Local Government Act). Dans chaque 'county' le gouvernement local a la responsabilité de maintenir une force de police. A cette fin, un comité (Police Committee) a été mis en place: il consiste de conseillers municipaux (aux deux tiers) et de magistrats (un tiers). Le comité choisit le commissaire de police et ses adjoints mais la liste des candidats à ces postes doit être présentée au ministre de l'Intérieur qui peut l'accepter ou la rejeter.

Le gouvernement local couvre 50% du coût de la police, le ministère de l'Intérieur prenant à charge le reste. Bien que le commissaire reçoive la moitié de ses ressources des conseillers locaux, il n'est pas responsable devant eux. Il peut, en grande partie, s'opposer à eux s'il le veut ou s'il le considère nécessaire. Il jouit d'une très grande indépendance qui le met à l'abri de toute intervention politique ou de tentative de corruption mais qui le protège aussi de toute poursuite judiciaire.

Il y a en dehors de Londres 41 forces de police qui regroupent environ 90 000 agents.

Mireille, jeune Française qui vient d'épouser un Anglais, écrit à son amie Elisabeth.

Chère Babette,

Si tu savais ce que je viens d'apprendre ! Je suis obligée de passer le permis de conduire anglais car mon permis français n'est valable ici, que pour six mois. Je suis folle de rage ! et dire que je conduis depuis trois ans... Enfin, au lieu des 208 pages du Code Rousseau, je n'ai que 60 pages à lire du "Highway code". L'épreuve de code se passe en même temps que l'épreuve pratique. Ce sera d'abord l'épreuve de conduite ; il faut que je roule plus lentement que d'habitude. A la fin de l'épreuve l'inspecteur me posera des questions sur le code de la route. C'est dur...

En tout cas je ne suis pas obligée de mettre un L sur ma voiture ; c'est réservé à ceux qui apprennent avec un ami ou un membre de leur famille, ce qui est très courant ici. J'ai aussi découvert que ce permis anglais ne sera valable que jusqu'à mon 70ème anniversaire ; au moins mon permis français est valable à vie. Je crois que je vais me mettre au vélo !

Amitiés   Mireille.

Quelques semaines après avoir envoyé cette lettre, Mireille passe son permis de conduire et est brillamment reçue ! Elle a parfaitement maitrisé la conduite à gauche et s'est habituée à changer les vitesses de la main gauche et non plus de la main droite ! Elle commence à s'angliciser.

Journal d'un intrépid voyageur

Jean-Claude arrive en Angleterre pour la première fois. Il décide d'écrire ses premières impressions:

Lundi: Arrive à Douvres.
"Drive on the left" "Keep your left" OK mais ça n'est pas si facile que ça; je ne vois rien si je veux doubler ... patience, patience ...
Un rond-point à l'envers! Je n'ai rien contre les "roundabout" britanniques qui sont excellents, (d'ailleurs on les a copiés en France) mais j'ai failli le prendre dans le mauvais sens: ici il faut tourner dans le sens des aiguilles d'une montre. Concentrons-nous.
13h30: Ai failli emboutir la voiture qui me précédait et qui a brutalement freiné. Cause de ce ralentissement soudain: un passage pour piétons. Est-il donc vrai qu'on s'arrête pour laisser traverser les piétons dans ce pays? Curieux, curieux ...
Arrêt obligatoire dans un charmant "pub".

Mardi: Moment d'intense panique: une voiture venant en sens inverse me fait deux appels de phare. La police est-elle en embuscade? Mes phares sont-ils allumés? Suis-je sur le mauvais côté de la route?
Non: le conducteur m'avertit qu'il s'arrête pour me laisser dépasser un camion en stationnement sur le bas-côté. Je suis tellement surpris, bouleversé, que j'oublie de le remercier.
Oh, le stationnement dans ce pays, je n'y comprends rien! Je viens de recevoir ma première amende pour stationnement illégal. Je n'avais pas vu les bandes jaunes sur le trottoir qui correspondent, paraît-il, à nos panneaux d'interdiction de stationnement. J'ai essayé d'expliquer au contractuel que ce n'est pas comme ça en France, mais il n'a rien voulu savoir.
Encore le stationnement! Se garer sur le trottoir ou à cheval sur le trottoir, apparemment ça ne se fait pas ici. Bon, la prochaine fois, j'abandonnerai ma voiture sur le bord de la route comme tout le monde, quitte à arrêter la circulation!
HELP! 30m/h ça fait combien en km/h?
Quelles sont les limitations de vitesse ici?
Mardi soir: je suis épuisé. J'ai roulé pendant 70km, pardon 40 miles, à 40 km/h, derrière un conducteur très flegmatique qui n'était manifestement pas pressé et, impossible de doubler sur ces ravissantes petites routes anglaises. Enfin, je ne dois pas trop me plaindre car je ne me suis pas trompé de routes, pas une seule fois; il faut dire que la signalisation routière est excellente ici.

Quelques jours plus tard:
Réflexions sur la conduite en Grande-Bretagne:
En règle générale, la conduite est plus lente qu'en France. En ville surtout, les démarrages secs, sur les chapeaux de roue: ça ne se fait pas! Les coups de klaxon sont peu fréquents. La conduite automobile est considérée plus comme une nécessité dont il faut s'acquitter le plus calmement possible que comme un sport, une aventure pleine d'excitation et d'imprévus. Bien sûr il y a des exceptions et j'ai quand même rencontré quelques fous du volant.

Le réseau autoroutier français: 2e en Europe

En l'espace d'une génération, la France a rejoint le peloton de tête des pays les mieux équipés. Avec 6500 km d'autoroutes maintenant en service, la France se situe juste après l'Allemagne (8 100 km), avant l'Italie (5 950) et l'Angleterre (2 800 km). Le rythme de construction adopté par la France au cours de la dernière décennie a permis de combler un retard qui pénalisa longtemps son économie.

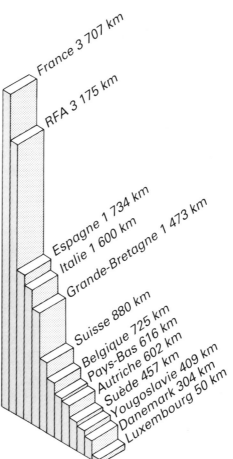

France 3 707 km
RFA 3 175 km
Espagne 1 734 km
Italie 1 600 km
Grande-Bretagne 1 473 km
Suisse 880 km
Belgique 725 km
Pays-Bas 616 km
Autriche 602 km
Suède 457 km
Yougoslavie 409 km
Danemark 304 km
Luxembourg 50 km

KILOMÉTRAGES D'AUTOROUTES MISES EN SERVICE DE 1971 A 1984

Des plans pour les dix prochaines années

«Cet effort important de construction d'autoroutes va continuer jusque vers la fin du siècle.

Le gouvernement Chirac a arrêté, le 13 Avril 1987, un nouveau schéma directeur routier national prévoyant la construction d'environ 2 730 km de voies autoroutières. La philosophie de cette politique routière? «Faire en sorte que la France soit compétitive au moment de l'ouverture sur l'Europe», a déclaré M. Chirac.

M. Méhaignerie, ministre de l'équipement, du logement, de l'aménagement du territoire et des transports, a fait partager au gouvernement sa foi européenne et routière. Comment ne pas voir le risque? En 1993, un tunnel sous la Manche devrait arrimer définitivement la Grande-Bretagne au continent. En 1993, les camions, les avions, les péniches et les trains pourront théoriquement sans embûches techniques, administratives et douanières transporter voyageurs et marchandises dans une Europe des Douzes unitaire. Or, à y bien regarder, la France ne se présente pas avec des atouts mirobolants en matière de transports, hormis le TGV. Le sous-développement de ses canaux fait que l'Europe du Nord fluviale ne pense qu'aux ports de la mer du Nord. Même chose pour les autoroutes: la densité du maillage belge, néerlandais, allemand, suisse et italien peut nous faire craindre que l'on évite notre pays. La France risquait d'être contournée. Le plan décidé par le comité interministériel a le mérite de replacer la France au centre de l'Europe.

(A.L.F., *Le monde*)

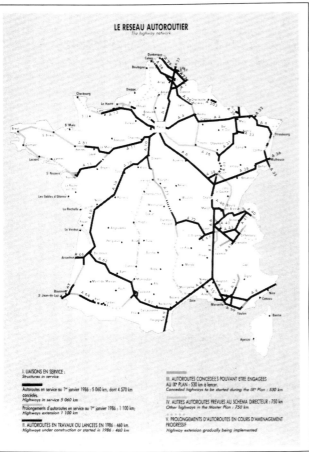

LE RESEAU AUTOROUTIER
The highway network

I. LIAISONS EN SERVICE :
Structures in service

Autoroutes en service au 1er janvier 1986 : 5 060 km, dont 4 570 km
concédés.
Highways in service 5 060 km

Prolongements d'autoroutes en service au 1er janvier 1986 : 1 100 km;
Highways extension 1 100 km

II. AUTOROUTES EN TRAVAUX OU LANCEES EN 1986 : 460 km.
Highways under construction or started in 1986 : 460 km

III. AUTOROUTES CONCEDEES POUVANT ETRE ENGAGEES
AU IX° PLAN : 530 km à lancer.
Conceded highways to be started during the IX° Plan : 530 km

IV. AUTRES AUTOROUTES PREVUES AU SCHEMA DIRECTEUR : 750 km
Other highways in the Master Plan : 750 km

V. PROLONGEMENTS D'AUTOROUTES EN COURS D'AMENAGEMENT
PROGRESSIF
Highway extension gradually being implemented

Les routes à deux voies deviendront progressivement des autoroutes gratuites

········ Autoroutes existantes   } ou déjà décidées
———— Liaisons 4 voies existantes

———— Nouvelles autoroutes   } (construction décidée
▬ ▬ ▬ Nouvelles liaisons 4 voies   le 13 avril 1987)

Des autoroutes à péage

Pour ne pas imposer aux contribuables la charge financière de l'ensemble du réseau, la France a choisi initialement de confier la construction et l'exploitation des autoroutes inter-urbaines à des sociétés concessionnaires avec perception d'un droit de péage. » Ainsi, dix sociétés sont responsables de certaines autoroutes: toutes, sauf COFIROUTE société privée et responsable des autoroutes A10, A11 et A48, sont des sociétés d'économie mixte.

Par exemple:

La S.A.P.R.R.
Constituée le 28 septembre 1961 (sous le nom de Société de l'autoroute PARIS-LYON) la Société des Autoroutes PARIS-RHIN-RHONE est une Société d'Économie Mixte.
Elle ne fait pas de bénéfice.

Son capital social est détenu pour l'essentiel par les Collectivités locales: les Départements (Conseils Généraux) et les Villes (Municipalités), ainsi que les Chambres de Commerce et d'Industrie et les Chambres d'Agriculture concernées par le tracé de ses autoroutes.

A QUOI SERVENT
100 FRANCS
DE PEAGE ?

Distribution of 100 F of tolls

64,5 FRANCS
Contribution à l'amortissement des emprunts

*64,5 francs:
Network extension and
improvement paying back the loans*

30 francs
Entretien et exploitation
(y compris dépenses liées à la perception du péage)

*30 francs:
Maintenance and operating
(including toll collection costs)*

5,5 francs
impôts et taxes locales

State and local taxes

Le gouvernement français a dû prendre des mesures afin de mettre fin aux écarts de tarifs existant entre les différentes autoroutes. Certaines, telles que l'autoroute A6 (Paris – Lyon), très fréquentées avaient un tarif de péage peu élevé: environ 0,25 F/km alors que d'autres peu fréquentées ou à construction onéreuse, telles que l'autoroute A48 (Lyon – Grenoble), étaient deux ou même trois fois plus chères. Maintenant l'écart entre les tarifs extrêmes est de moins de 2: de 0,40 F/km à 0,25 F/km.

Les autoroutes en Grande-Bretagne

Contrairement à la France, la Grande-Bretagne a choisi de ne pas faire appel aux sociétés privées pour la construction de ses autoroutes. Le réseau autoroutier est donc complètement à la charge de l'État.

Les conséquences en sont mixtes:

- Le manque de fonds alloués à la construction de nouvelles voies autoroutières ou à l'amélioration de voies existantes met la Grande-Bretagne au quatrième rang européen en ce qui concerne l'accroissement de son réseau dans les dix dernières années.
- Selon le «minister of transport» les plans pour le futur ne prévoient pas de majeures constructions d'autoroutes mais l'élargissement à quatre voies de routes nationales.
- La construction d'un tunnel sous la Manche n'entraînera pas d'importantes modifications dans l'infrastructure autoroutière.
- L'aspect positif le plus important, pour l'usager, est la gratuité des autoroutes, bien que ceux favorables au système privé avancent comme argument que dans le système anglais c'est, en fin de compte, le contribuable qui paie par l'intermédiaire des impôts . . .

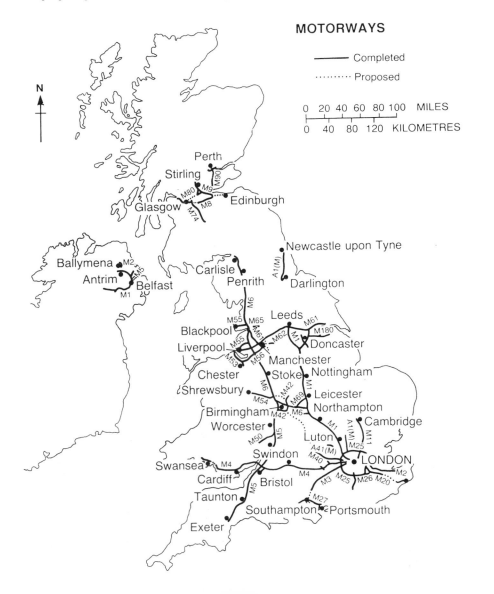

Aires de repos, aires de service

Des centres d'accueil

Au voyageur britannique qui se plaint des sanitaires sur les autoroutes françaises, le voyageur français répond par des remarques désobligeantes sur la qualité des repas servis sur les autoroutes britanniques . . . Ces deux clichés *the French loos*, la nourriture anglaise, reflètent, en fait, une profonde différence dans la conception même de ce qu'est une aire de repos ou de service.

En France, Le Ministère de l'Équipement définit la politique à suivre en ce qui concerne les aires de repos de la façon suivante:
« Pour inciter les conducteurs à faire halte lorsqu'ils effectuent de longs trajets, en période de congés notamment, une politique d'animation culturelle a été mise en œuvre depuis plusieurs années sur les autoroutes françaises. Elle s'appuie d'une part sur la création de centres d'accueil permanents:

- L'Archéodrome: sur l'A6, aire de Beaune, 100 000 an d'histoire, l'évolution des sociétés depuis le paléolithique supérieur jusqu'à l'époque gallo-romaine, avec des reconstitutions grandeur nature, la création d'un véritable petit village d'artisans, l'évocation de l'épopée d'Alésia.
- Le Village Catalan sur l'A9: un village traditionnel du Roussillon.
- Les Ruralies et le musée du machinisme agricole sur l'A48: une évocation de l'histoire du monde rural en Poitou-Charentes et en Vendée.
- Le Musée de l'Automobile sur l'A8.

Cette politique s'exprime d'autre part dans des expositions et spectacles sur les richesses culturelles de la région traversée. De nombreuses aires de repos ou de service accueillent chaque année des animations temporaires, sportives ou historiques (de l'épopée des chemins de fer à l'aventure de la photographie).

A quoi sert une aire de repos et une aire de service? Les différents dépliants offerts par les sociétés d'autoroutes donnent les réponses suivantes:

- L'aire de repos a été aménagée pour votre détente, elle permet de vous arrêter fréquemment. Vous y trouverez des installations pique-nique, un point d'eau potable, des sanitaires, des jeux pour les enfants; plusieurs de ces aires sont ornées de sculptures et d'œuvres d'art réalisées par de grands artistes contemporains.
- L'aire de service: pour vous réapprovisionner. Vous y trouverez une station-service, une boutique, des téléphones et des sanitaires. Pour vous restaurer, des cafétérias, self-services et des restaurants. Des bureaux de tourisme, des vitrines de produits régionaux, des librairies-tabac, des guichets de change, des espaces d'animation et d'exposition sont à votre disposition sur les plus importantes de ces aires.

What a relief! It's Watford Gap

The Watford Gap service station is one of 46 built along the motorways, and is the oldest; its forecourt opened in November 1959.

So what is a service station? Petrol, catering, toilets? No, no, said George Kingham, with emphasis, *toilets*, petrol, and catering. Watford gap, at 75 miles, is the correct peeing interval from London. Working there can be a shattering introduction to human biology for new members of staff. "Nine o'clock on a Bank Holiday, everything quiet. The next moment you're hit by 150 coaches, 7000 people and the lavatories can't cope. Wherever you look there are bottoms smiling at you from the bushes" …

In the kitchen Richard Plume, once of Latvia, once chef at the Royal Shakespeare Theatre in Stratford, was peeling onions, 24lb of onions. "Every week I make 700 steak and kidney pies, sometimes two lots. Week in, week out, the same thing: repeat and repeat. 120lb of chuck steak, 80lb of kidney. Oh yes, I have made other things. I have made them *coq au vin*, with real wine. I have made gigot. I have made chicken *mexicaine* – and the bug-

gers don't like it. They like steak and kidney. At the Royal Shakespeare I cooked fresh lobster. Boxes of it. Ah, those were the days. But the music takes your mind away and the door is always there."

People use motorways to get from A to B. If they stop, they stop reluctantly. If they eat they want it to be quick: they want to be on their way again. The most anyone stops is half an hour."

(Sunday Times)

En revanche, d'après une étude réalisée par *Which?* en août 1986 l'amélioration des aires de service en Grande-Bretagne ces dernières années a porté essentiellement sur les points suivants:

- État et propreté des blocs sanitaires.
- Qualité de la nourriture servie dans les cafétérias ou restaurants
- Qualité des magasins
- Prix de l'essence
- Qualité des aires de pique-nique et aires de jeu

Malgré ces récentes améliorations, le public, en général, apprécie peu ces aires de service; c'est pourquoi, d'après le *Department of Transport* l'installation d'aires sur les dernières autoroutes – la M25 et la M11 – fut longtemps mise en question et considérée comme n'étant pas souhaitable.

La S.N.C.F. *au service de la clientèle*

Dans le monde, la France se situe au 9e rang et la Grande-Bretagne au 18e rang, en ce qui concerne le réseau ferroviaire:

Transport de marchandises: Milliards de tonnes-km
France: 58.4   UK: 15.3

Transport de voyageurs: Milliards de voyageurs-km
France: 61   UK: 36

Longueur du réseau: Milliers de km
France: 35   UK: 17

Ces chiffres confirment l'impression que donne la SNCF: celle d'un service moderne, dans l'ensemble efficace et largement utilisé; la SNCF jouit d'une excellente réputation renforcée par la mise en place du TGV et par son indéniable succès.

Le T.G.V. *du futur*

1955. Une motrice de la S.N.C.F. établissait un record mondial de vitesse ferroviaire avec 331 km/h. Trente ans après, ce «sommet» va presque devenir la vitesse de pointe commerciale du futur T.G.V. Atlantique: 300 km/h entre Paris et Connerré, près de Nantes, dès la fin 89. Nantes sera alors à 2 heures de Paris.

Si le T.G.V. détient toujours le record du monde de vitesse pure, 380 km/h en février 81, il demeure également le train le plus rapide en vitesse commerciale: 270 km/h. A ces prouesses techniques s'ajoute une autre victoire, moins spectaculaire mais tout aussi importante: le succès commercial du TGV. De 14 000 en 1981 le nombre de voyageurs quotidien est passé à 45 000 en moyenne. Depuis 1981, 60 millions de voyageurs ont emprunté le TGV, près de 16 millions pour la seule année 1985 soit 10,7% de plus qu'en 1984.

Cinq ans déjà. Cinq ans que les vaches de la campagne lyonnaise ou savoyarde ont pris l'habitude de voir passer, ou d'entrevoir, ce curieux requin à la robe orange. Leurs consœurs de la Beauce, de la Sarthe et de la Bretagne verront, elles, à proximité de leurs verts pâturages, une flèche blanche, argent et bleue: les nouveaux tons retenus pour le T.G.V. Atlantique.

«Gagnez du temps sur le temps», la formule à succès du T.G.V. Sud-Est s'appliquera à nouveau au T.G.V. Atlantique. Avec cette précision que le slogan exact serait plutôt: «Gagnez encore plus de temps sur le temps».

De franco-français, le T.G.V. deviendra dans les prochaines années européen: c'est le projet de liaison rapide Paris-Bruxelles-Cologne-Amsterdam et sa jonction avec le lien fixe trans-Manche. Pour la liaison Paris-Londres et Bruxelles-Londres, plusieurs projets existent. Ils prennent en compte l'éventualité d'un parcours s'effectuant jusqu'à Londres en T.G.V. et de la création d'une ligne nouvelle jusqu'au tunnel.

How much? diraient nos voisins britanniques.

(*Christian Bauby*, **Equipement Magazine**, *janvier 87*)

Dick et Mandy décident de faire le tour de la France par le train; avant de partir ils se procurent tous les fascicules et dépliants que publie la SNCF. Première surprise: ils croulent sous le poids des publications que cette dernière leur envoie; guide pour voyager avec de jeunes enfants, avec sa voiture, sa moto, son vélo, guide du voyageur, fiches horaires, guide pour voyager en TGV etc . . . Mandy et Dick commencent par étudier attentivement le guide des voyageurs.

Comment bien voyager

Thomas the Tank Engine

Curieusement, à l'heure des voyages inter-planétaires, un des livres les plus populaires parmi les petits Anglais est celui de Thomas the Tank Engine qui raconte les aventures de plusieurs trains à vapeur. Mais les adultes aussi se laissent attirer par le charme de ces trains du passé et ils sont des millions à voyager avec nostalgie sur les nombreuses lignes qui ont été soigneusement restaurées.

L'importance et l'organisation des sociétés de préservation britanniques, le soutien qu'elles reçoivent et les résultats qu'elles obtiennent font l'envie et l'admiration des Français qui se trouvent beaucoup moins nombreux et moins aidés que leurs confrères d'Outre-Manche.

Un de ces rares Français passionnés de locomotives à vapeur s'efforce de faire marcher une petite ligne en Bourgogne et avoue:
«Chaque année, je vais en Angleterre ou au Pays de Galles pour rencontrer d'autres fanatiques de la vapeur; c'est extraordinaire, ce qu'ils font là-bas! Tandis qu'ici, on me prend pour un fou et je n'ai que mon fils pour m'aider; ça n'intéresse personne . . .»

Alors qu'une réplique de la première locomotive à vapeur française construite en 1829 vient d'être réalisée, en France, par l'Association pour la Reconstruction du Patrimoine Joseph-Jean Paques écrit à ce sujet:

6 A special interest was the fact that the ARPI obtained the participation of about twenty technical occupational schools to fabricate parts of the replica. This is a good example of a complete project where youngsters were actively involved to rediscover a part of their technical heritage. Let us hope that it will raise some new fans for the steam railway hobby!

We must admit that, unfortunately, in France railways are less perceived as part of the cultural heritage than in Great Britain. However, the ARPI succeeded in obtaining help from six corporations. This is far from the thirty firms which helped to build the replica of Trevithick's Penydarren locomotive. Of course, it was a première for France, whereas our British friends have a long tradition **9** in this field.
(*J-M Paques* **Railway Magazine**, *July 1987*).

Il est vrai que lorsqu'il s'agit de conserver, de maintenir les traditions ou les vestiges du passé les Britanniques sont imbattables. Richard Fox peut dire en parlant de la réouverture d'une ancienne ligne par le ELRPS (East Lancashire Railway Preservation Society):

''The great day, awaited for so many years, will finally arrive on July 25, 1987, when the first phase of what promises to be one of the most attractive and interesting preserved railways in the country is officially inaugurated. This achievement has not come about without a tremendous amount of time and effort from a dedicated band of volunteers, magnificent support from the local authorities and the injection of huge amounts of cash from various public purses, with hopefully more still to come.''

5 Boire et manger

«la cuisine est un art comme la musique et la peinture»

Le mariage est surprenant. Pour oser servir une tranche de foie gras de canard, cuite à la vapeur, envelop- pée dans une feuille de chou, il faut vraiment être le pape de la nouvelle cuisine et s'appeler Alain Senderens. Le pape ose et le résultat est un délice.

«Comme toutes mes bonnes re- cettes, explique Senderens, l'idée a jailli en moi comme une révélation ... Depuis la Renaissance, où a com- mencé le goût de la grande bouffe, on ne pensait qu'au plaisir de la bouche, sans se soucier des consé- quences. Il fallait même, puisque la gourmandise était un péché, que ça fasse mal. C'est absurde. La cuisine est un art, comme la musique et la peinture. C'est même le seul art qui parle aux cinq sens. Quand vous sortez de l'opéra, vous vous sentez euphorique. Pourquoi devrait-on se sentir moins bien quand on sort d'un restaurant.»

La cuisine de Senserens doit être aussi un plaisir pour l'œil. «Un plat qui est beau est forcément bon» décrète Senderens.

«Avoir le sens de l'harmonie, l'instinct des couleurs est très impor- tant. J'hésite toujours à engager dans mon personnel quelqu'un qui, mani- festement, ne sait pas choisir ses cravates et je pousse mes chefs à aller à l'Opéra et dans les musées. Il ne peut y avoir de grande cuisine sans culture complète.» (*Patrick Lefort, TELE 7 JOURS*)

Cet entretien avec un grand chef confirme l'appréciation que donne Theodore Zeldin sur la cuisine française et ses chefs:

"The ability to talk about food, to turn eating into a philosophy, is one of the marks of a great French cook, for French gastronomy has always been a dialogue: to eat alone is to have an incomplete meal, one needs to discuss what one eats. The cuisine of France has been created not just by cooks, but by gastronomes who have produced a whole literature out of their discussion of their meals.

The best French gastronomes do not claim that French cooking is superior to that of other nations but they do claim that France has the most varied cuisine . . . It is the extra touches that count; but these extra touches are never the same. French onion soup can be prepared in at least a hundred ways there is endless discussion as to just how thick or liquid it should be . . . The source of French pride is that there are several hundred different sauces, which can express the cook's skill and individuality and give a meal its originality.

One should not think of French cooking as simply consisting of dishes unique to that country; an equally effective criterion is the style with which it presents dishes it shares with other nations. Sausages and beans becomes Cassoulet in France, and that is different partly because so many more varieties of sausages have been developed in France. The supreme test is perhaps to be found in apple pie or tart, which have virtually the same ingredients in many countries; the difference comes from the skill, the presentation, the quality of the apples, the exact amount of cooking. (***The French**, Theodore Zeldin*)

La cuisine anglaise, cette inconnue

Hélène, professeur d'anglais à Lille, demande à ses élèves à quoi ils s'attendent avant leur départ pour Londres:

- manger de la viande avec de la confiture
- prendre un petit déjeuner monumental
- boire des litres de thé
- manger des œufs au bacon
- mourir de faim à midi
- prendre le thé à 5h
- mal manger!

A leur retour d'Angleterre, elle leur demande ce qui les a surpris.

- les Anglais boivent beaucoup de café au lait dans des *mugs*
- le *fish and chips*
- la viande trop cuite
- le fromage après le dessert
- la *jelly*, les petits pois vert vif, la *gravy*, les *baked beans*, la glace avec la crème anglaise, le *trifle*, le *peanut butter*, les *mince-pies*, les *crumpets*, les *muffins*, la *marmite*
- la sauce à la menthe avec l'agneau
- souvent les repas ne comprennent pas d'entrée et on ne parle pas de ce qu'on mange.

En parlant de l'Angleterre, Paul-Michel Villa déclare:

«L'étrangeté de ses mœurs culinaires est l'un des plus profonds mystères de ce pays ... La cuisinière anglaise ne semble connaître que deux façons de préparer les mets: bouillis ou frits; à l'exception du rôti du dimanche, le *Sunday joint*, dont elle ressert les tranches froides pour le restant de la semaine ... L'assaisonnement est confié à la grâce de Dieu et à ces sauces en bouteilles, dont la plus célèbre est recommandée indistinctement pour: «viandes (chaudes et froides), poisson, jambon, fromage, salade, soupes, hachis et ragoûts».

L'ampleur de ce désastre est d'autant plus étonnant qu'il existe une cuisine anglaise excellente. Du *roast beef* bien préparé, ou la sole de Douvres, que l'on peut accommoder de dix-sept façons, des innombrables *pies* et *puddings* à quelques plats élaborés tel le saumon chaud à la sauce de concombre, elle est digne de toutes les louanges.

Un chef-d'œuvre: le *pudding*

Le *pudding*, à vrai dire, n'est pas un plat, mais un événement. Les Anglais eux-mêmes disent: *the proof of the pudding is in the eating* ... Il y a environ cent soixante-dix recettes de pudding homologuées. Mais il semble que les seules limites en soient les ressources de la maîtresse de maison et son génie créateur. Tout peut entrer dans sa composition: sucre, sel, lait, rhum, farine, moelle de bœuf, pruneaux, raisins de Corinthe, écorces de citron, œufs, mie de pain, viande ou poisson. Certains réussissent même à marier la carpe et le lapin, en mêlant steak, huîtres et rognons, tel le *Pickwick pudding* que l'on peut goûter une fois l'an dans un fameux pub londonien. Le *Christmas pudding* se prépare pendant des mois, généralement à partir d'octobre, avec des rites émouvants qui, de semaine en semaine, en accroissent la consistance. Les ingrédients du dernier jour sont des pièces d'argent, du houx et une flambée d'alcool que l'on éteint avec de la crème fraîche. Impossible de désespérer de la cuisine anglaise après avoir goûté ce prodigieux mélange ... **»**

»

Mettre de l'eau dans son vin

M. Robert Juniot et M. Patrick Hound, deux hommes d'affaires et bons amis, se retrouvent dans un restaurant parisien. Au cours de la conversation, tout en prenant l'apéritif, M. Juniot, qui avait envoyé à son ami un article concernant un nouveau bar à Paris, lui demande ce qu'il en pense:

Proportion of total alcohol consumption per head in the UK:

BEER: 91.0%

WINE: 6.9%

SPIRITS: 1.4%

Article envoyé par M. Juniot: 'De l'eau dans le zinc'

Première question: quel est le pays le plus gros buveur de vin du monde?
Vous avez gagné: la France.

Deuxième question: où se trouve le premier bar à eaux du monde?
Vous avez perdu: c'est en France.

Alors, troisième question: comment, au pays de la vigne et du vin, des 160 000 bistrots (environ) et autres caboulots, par quelle aberration ou quel miracle un tenancier de bar a-t-il réussi à transformer son vin en eau?

C'est un ostéopathe: Philippe Gandloff. Il dirige un club de forme où l'on fait du body-building, du stretching, de la balnéothérapie, tout ça en salle, et du jogging au Bois de Boulogne. Donc les clients boivent. Mais à force de se trouver toujours entre deux eaux, trois maximum, ils se lassent et demandent à Gandloff d'enrichir sa cave . . . Il se renseigne et s'aperçoit que la France produit 3,65 milliards de litres d'eau en bouteille – plus de 200 sources sont recensées. Son fameux bar commence à faire des bulles au mois de juin 1985, d'abord pour les clients, ensuite pour le tout venant . . . Une clientèle entre 40 et 50 ans qui accorde un entracte à son foie entre deux libations, des gens qui viennent demander conseil sur les vertus thérapeutiques. Des curieux. On restera le bec dans l'eau en apprenant que le Français est le premier consommateur d'eau en bouteille dans le monde – 70 litres par an et par personne – et surtout que l'eau redevient à la mode au détriment du vin. Philippe y voit une recherche récente du naturel et d'une meilleure qualité de la vie. (*Yvon Le Vaillant, **Le Nouvel Observateur**).*

M. Hound	Et bien, j'ai trouvé cette idée d'un bar à eau très drôle; mais franchement je préfère les bons vieux bars traditionnels!
M. Juniot	Peut-être, mais il est tout de même intéressant de noter que les Français ne boivent pas que du vin comme on le dit toujours à l'étranger.
M. Hound	D'accord, mais vous devez admettre que le vin est la première boisson en France.
M. Juniot	En êtes-vous bien sûr?
M. Hound	Pour répondre à votre article, j'en ai découpé deux dans des journaux anglais ainsi que quelques statistiques . . . Ils répondront aussi à votre question. Regardez!

Premier article:

"Our conversation was carried on over two litres of red wine and in front of a puzzled group of infants, several of whom appeared to be drinking tap water diluted in *vin ordinaire*, to purify it perhaps. A foreigner joining our table might have imagined that this was a typical French scene. And he would have been correct. A list of the hundred richest millionaires in France reveals that the largest single group among them, 12, made their fortune from booze. The French continue to drink more alcohol per person per year than any other country in the world. And most of it is wine. The average daily consumption of wine in France for people over the age of 20 is half a bottle. That is just wine. In addition every French adult over 20 averages per year 102 pints of beer, 40 pints of cider and 4 pints of spirits. That works out at twice as much pure alcohol per head as the English can manage." (*Out of France*, **The Independent**, P. Marnham)

Deuxième article:

"Britain recently overtook the United States to become France's No 1 client for champagne, buying 15.3 million bottles last year. That nevertheless remains a drop in the ocean compared with the 122 million bottles drunk in France itself. A recent poll showed that 93 per cent of the French consider champagne *indispensable* for special occasions, while 41 per cent consider it indispensable simply for a dinner with friends.

Britain is France's second most important client after the US for AOC wines (*vins Appellation d'Origine Contrôlée*). Although on the increase, wine consumption in Britain remains low, averaging 10 litres per person per year, compared with 80 litres in France. Average wine consumption in France nevertheless has fallen dramatically since 25 years ago when it was 140 litres per person per year. As living standards increase, the average Frenchman is drinking less wine, but of better quality." (**The Times**, *Diana Geddes*)

M. Juniot	Il m'est difficile de réfuter ces statistiques, mais je peux tout de même vous faire remarquer, si j'ai bien compris, que la tendance en France est bonne, du point de vue santé, puisque l'on boit moins qu'avant; apparemment ça n'est pas le cas en Angleterre où l'on boit de plus en plus.
M. Hound	De plus en plus de vin, oui, mais, comme en France, la consommation d'alcool diminue: elle a baissé de 13% de 1981 à 1986; c'est du moins ce que les statistiques affirment.
M. Juniot	Que boivent donc les Anglais?
M. Hound	De la bière, bien sûr!
M. Juniot	Et bien, j'aime mieux boire du champagne et du vin; d'ailleurs, je suis heureux de constater que mes compatriotes préfèrent de plus en plus les vins fins au gros rouge!

Il est l'heure de manger

7h – 7h30: Le petit déjeuner

Une tasse de café noir ou un bol de café au lait pour plus de 60% des Français, une tasse de thé pour 11% d'entre eux et du chocolat pour 6%; une ou deux tartines de pain beurré seul ou avec de la confiture ou du miel, ou des biscottes.

Midi – une heure: le déjeuner ou repas de midi

Le repas de midi est encore important dans la vie des Français; la plupart des magasins ferment entre midi et deux heures, les enfants rentrent chez eux ou mangent à la cantine de l'école, les parents prennent leur repas chez eux ou «au restaurant d'entreprise» sur leur lieu de travail. Mais dans leur grande majorité, sauf à Paris, plus de 70%, les familles se retrouvent à la maison pour le déjeuner.

16h – 17h: le goûter des enfants

Lorsqu'ils reviennent de l'école les enfants prennent un goûter; du pain et de la confiture, un morceau de chocolat, un choco-BN, un petit pain au chocolat ou un pain au raisin acheté chez le boulanger.

20h – 20h30: le repas du soir, le dîner. Pris en famille.

Au menu: pour commencer, une salade de tomates ou de la charcuterie (du saucisson sec, de l'andouille, du pâté) ou de la soupe, puis un plat de viande ou de poisson accompagné de légumes verts ou de pommes de terre, une salade verte, du fromage et/ou un dessert; celui-ci est, souvent, un yaourt (les Français sont les plus grands consommateurs de yaourt au monde: 12,7 kg par an et par personne!) ou un fruit.

"Frenchmen distinguish themselves by insisting on having some bread with every meal, but this is a pale relic of old habits, for their consumption of bread has almost halved in the last forty years, and women now eat only half the amount of bread men do. Some items have almost vanished from their tables, like swedes, turnips and pumpkins; they now eat only one third of the dry pulses their parents used to and which were a staple item in traditional diet; their consumption of potatoes is falling. They are now the largest consumers of meat in Europe, on the way to catching up the Americans, though they have quite a long way to go still ... They now consume well over twice as much sugar as they did at the beginning of the century. The French are still different in that they drink relatively little fresh milk, making up for it with more cheese: two and half times as much as in Britain, twice as much fresh fruit, twice as much rice, one-third more vegetables than Britons eat: but in most other foods there is not much difference between the two countries. The general totals, however, conceals the fact that each region still retains a certain identity: northerners eat more vegetables than the rest of the population, the Mediterraneans more fruit, the south-west more cereals, while there is much less meat eaten in the centre-east. The west eats only half the amount of cheese that the Paris region does." (**The French**, *Theodore, Zeldin*)

'A good old English breakfast': Mythe ou réalité?

Les Français croient encore à l'existence du *breakfast* anglais:

«Helen qui enseigne dans un collège parisien, encourage ses élèves à découvrir les joies du breakfast anglais avant de partir. C'est bien, mais sur place, attendez-vous vraiment à un petit déjeuner monumental qui vous permettra de patienter jusqu'à l'heure du déjeuner. Celui-ci est toujours pris rapidement. Vous vous rattraperez à 5 heures, car le Five o'clock est plus qu'un simple goûter. Il prend des allures de véritable dîner. Vers 21 heures, on grignote de nouveau (fruits, gâteaux salés, fromage), le tout devant la télévision; les Anglais consomment presque autant de télé que de thé . . . Sachez enfin que les Anglais se couchent tard; c'est à la veillée qu'ils vous raconteront mille anecdotes et que vous leur direz que le poulet à la confiture, ce n'est pas si mal que ça!» (***Triolo***, *magazine pour jeunes*)

En réalité la majorité des Britanniques se contentent d'une tasse de thé avec quelques toasts. Moins de 30% prennent un vrai *breakfast* et cette tradition se maintient surtout en Écosse mais disparaît de plus en plus dans le sud de l'Angleterre et à Londres.

Quelques impressions données par des Français

Les Anglais préfèrent prendre de nombreux snacks au cours de la journée plutôt qu'un ou deux repas à heures fixes.

- *The Elevenses*: petite pause pour une tasse de café au lait ou de thé et un biscuit. C'est bien agréable! Ensuite, la situation devient de plus en plus compliquée! Vers 13h: *lunch* aussi appelé *dinner*; à l'école les enfants ont le choix entre le *school dinner* ou le *packed lunch*!
- Vers 16h: *teatime*. Merveilleusement décrit au dix-neuvième siècle par Florence Jack en ces termes: ''Teatime can scarcely be called a meal, but rather a light refreshment taken in the afternoon to break the fast between luncheon and late dinner. It is one of the most social and popular events of the day, and the taste and refinement of the hostess are readily recognised in the manner in which it is served . . .'' Il est encore possible de savourer cette délicieuse institution britannique surtout le dimanche quand les Anglais se reposent tranquillement chez eux. Après le *tea* de 16h, on peut être invité à:
- un *high tea*: Vers 18h, moins raffiné que le *tea* de 16h, il constitue le repas principal de la journée pour la majorité des Britanniques.
- un *dinner* vers 20h et un *supper* vers 22h.

Il est préférable de se renseigner, discrètement, sur ce que votre hôtesse a l'intention de vous donner à manger, car cela varie suivant les classes sociales et les régions.

Enfin, entraînez-vous à manger avec une assiette sur les genoux; les Anglais adorent ce genre d'exercice!

Cette photo illustre le «style
français» traditionnel.

Pour un Français ceci représente
le «style anglais» traditionnel!

Au café

Comme il n'y a pas d'heures légales d'ouverture, celles-ci varient de café à café.

Pourquoi les Français vont-ils au café?

- Pour boire un coup, répondent ceux qui viennent régulièrement prendre un verre de vin au comptoir.
- Pour bavarder avec des amis.
- Pour passer le temps agréablement à ne rien faire . . .
- Pour prendre un café après le déjeuner.
- Pour étudier entre deux cours, c'est plus agréable que la bibliothèque de l'université!
- Pour draguer!
- Pour se faire draguer!
- Pour téléphoner et utiliser les toilettes.
- Pour manger sur le pouce.
- Pour pouvoir lire le journal tranquillement.

Si vous ne venez que pour consommer et non pas pour utiliser le café comme une sorte de lieu de rendez-vous ou comme un «salon public», vous pouvez boire au bar, ce qui est moins coûteux que si vous vous asseyez à une table. Si, au contraire, vous préférez passer un peu de temps assis à une table, attendez que le serveur vienne prendre votre commande et il vous servira; vous payerez en partant. N'oubliez pas le pourboire! Que pouvez-vous boire à un café? Pratiquement n'importe quoi. On peut aussi y manger: les sandwichs et les croque-monsieur sont les snacks les plus courants bien que certains cafés servent des plats plus élaborés.

Ne vous étonnez pas si, tout à coup, vous voyez deux ou trois personnes se lever et se jeter au cou de nouveaux arrivants; entre amis ou avec de la famille les Français n'hésitent pas à s'embrasser (se faire une bise) en public. S'ils ne se connaissent pas assez bien pour s'embrasser, ils se serrent la main non seulement lorsqu'ils se rencontrent pour la première fois dans la journée mais aussi lorsqu'ils se quittent. Ce petit rituel peut causer un remue-ménage important!

"*Mon Dieu, le pub ferme déjà?
J'étais juste en train de prendre goût à cette bière tiède.*"

Au pub

Quelques renseignement utiles pour le voyageur
étranger:
- Les pubs sont ouverts à des heures définies par la
  loi: en général de 10h30 à 15h et de 18h à
  22h30.
- Le pub est généralement divisé en deux parties,
  parfois trois:
  Le *public* bar.
  Le *saloon* plus confortable que le précédent.
  Le *lounge* la salle la plus confortable.

On peut y boire:
- Des boissons alcoolisées: surtout de la bière. On
  choisit son pub avant tout pour la qualité de la
  bière qui y est servie. Certains pubs sont
  indépendants (Free House) d'autres dépendent
  d'une grande brasserie dont ils affichent le nom
  (Courage).
  une boisson à essayer: le sherry; en revanche le
  porto ne se prend pas en apéritif comme en
  France mais à la fin d'un repas.
- des boissons non-alcoolisées mais rarement du
  café ou du thé.

On paie au bar dès qu'on est servi et on ne donne
pas de pourboire.

Enfin selon la loi, seules les personnes âgées de
16 ans au moins peuvent entrer dans un pub; mais
il devient de plus en plus facile de trouver des pubs
qui ont une *family room* où les enfants sont
acceptés. On ne sert de boissons alcoolisées qu'aux
personnes de plus de 18 ans.
A remarquer: les enseignes et les noms des pubs
souvent pittoresques.
A étudier: L'atmosphère des pubs. On va au pub
d'abord et surtout pour boire, ensuite pour
bavarder avec des amis. On y essaie d'oublier le
monde autour de soi et non pas de l'observer. C'est
un lieu clos, refermé sur lui-même.

Petit guide du savoir-vivre

Pour un Anglais qui débarque en France:

- Ne mettez pas vos mains sous la table: posez vos poignets sur la table mais surtout pas vos coudes!
- Ne coupez pas votre salade avec un couteau; celle-ci doit être présentée déjà coupée en morceaux suffisamment petits pour être mangés seulement avec une fourchette; la salade est considérée comme un plat en soi et elle est souvent servie, seule, après le plat de résistance et avant le fromage; ce peut être une laitue, une batavia, une scarole, une frisée, de la mâche etc . . . toujours assaisonnée; l'assaisonnement le plus courant est la vinaigrette: huile, vinaigre et sel en sont les ingrédients de base.
- N'ajoutez pas de sel ou de poivre avant d'avoir goûté car cela veut dire que vous ne faites pas confiance au cuisinier! Un grand chef refuse même de mettre un poivrier et une salière sur les tables de son restaurant car il estime que ses plats sont salés et poivrés à perfection!
- N'oubliez surtout pas de complimenter le cuisinier ou la cuisinière pour le repas.
- Enfin, prenez plaisir à ce que vous mangez et les Français vous pardonneront toute erreur de savoir-vivre.

. . . Pour un Français qui s'en va en Angleterre:

- Ne vous servez pas d'un morceau de pain pour «pousser» la nourriture sur la fourchette: servez-vous du couteau; c'est plus élégant!
- Ne vous servez pas de la partie creuse de la fourchette; gardez votre fourchette dans votre main gauche, et essayez, tant bien que mal, d'entasser vos aliments sur le dos de la fourchette. Entraînez-vous avant votre voyage en Angleterre!
- Ne laissez pas votre cuiller à café dans votre tasse!
- A la fin du repas, pour indiquer que vous avez fini de manger, posez votre fourchette et votre couteau côte à côte sur votre assiette; ne les posez pas sur la table!

6 L'éducation

L'enseignement en France

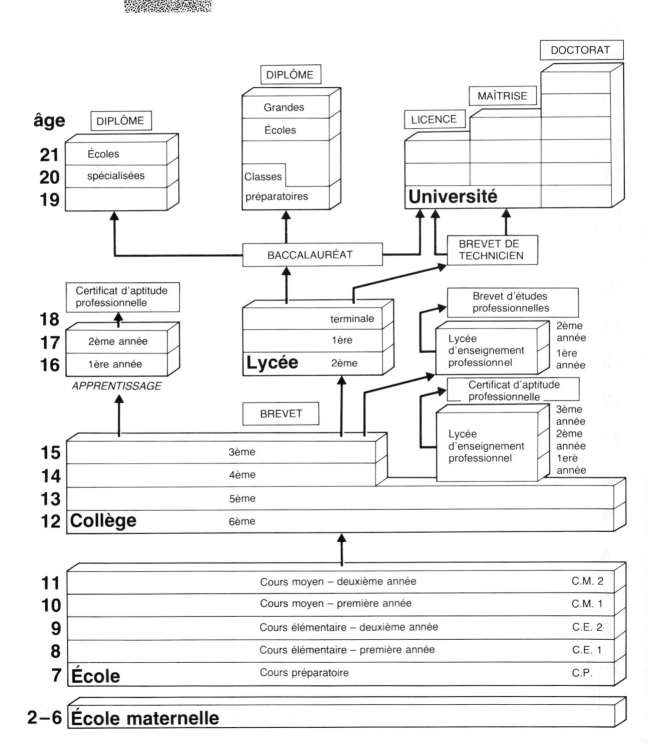

âge

21	Écoles
20	spécialisées
19	

DIPLÔME

DIPLÔME — Grandes Écoles / Classes préparatoires

DOCTORAT

MAÎTRISE

LICENCE

Université

BACCALAURÉAT

BREVET DE TECHNICIEN

Certificat d'aptitude professionnelle

18 — 2ème année
17
16 — 1ère année

APPRENTISSAGE

Lycée
terminale
1ère
2ème

Brevet d'études professionnelles

Lycée d'enseignement professionnel — 2ème année / 1ère année

BREVET

Certificat d'aptitude professionnelle

Lycée d'enseignement professionnel — 3ème année / 2ème année / 1erè année

15 — 3ème
14 — 4ème
13 — 5ème
12 **Collège** — 6ème

11	Cours moyen – deuxième année	C.M. 2
10	Cours moyen – première année	C.M. 1
9	Cours élémentaire – deuxième année	C.E. 2
8	Cours élémentaire – première année	C.E. 1
7	**École** Cours préparatoire	C.P.

2–6 **École maternelle**

L'enseignement en Grande-Bretagne

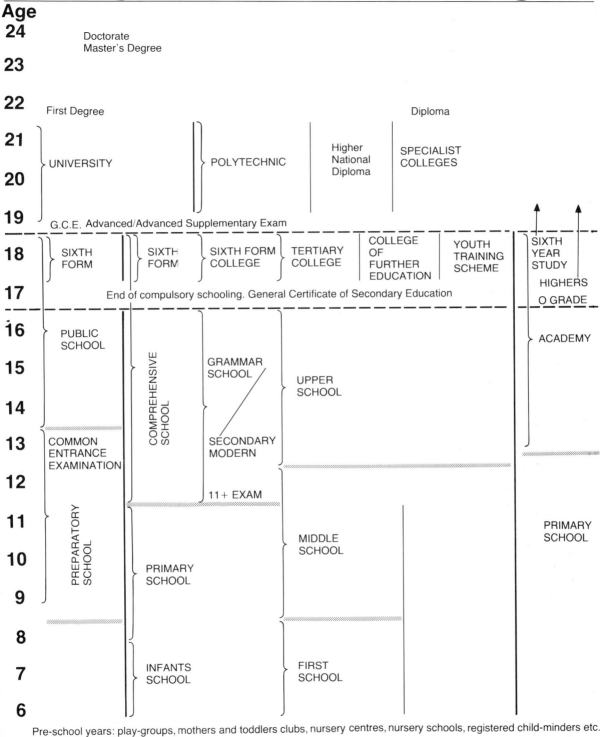

Age

24 Doctorate
Master's Degree

23

22 First Degree   Diploma

21

UNIVERSITY   POLYTECHNIC   Higher National Diploma   SPECIALIST COLLEGES

20

19 G.C.E. Advanced/Advanced Supplementary Exam

18 SIXTH FORM | SIXTH FORM | SIXTH FORM COLLEGE | TERTIARY COLLEGE | COLLEGE OF FURTHER EDUCATION | YOUTH TRAINING SCHEME | SIXTH YEAR STUDY

HIGHERS
O GRADE

17 End of compulsory schooling. General Certificate of Secondary Education

16 PUBLIC SCHOOL   ACADEMY

15 COMPREHENSIVE SCHOOL   GRAMMAR SCHOOL   UPPER SCHOOL

14

13 COMMON ENTRANCE EXAMINATION   SECONDARY MODERN

12

11+ EXAM

11 PREPARATORY SCHOOL   MIDDLE SCHOOL   PRIMARY SCHOOL

10 PRIMARY SCHOOL

9

8

7 INFANTS SCHOOL   FIRST SCHOOL

6

Pre-school years: play-groups, mothers and toddlers clubs, nursery centres, nursery schools, registered child-minders etc.

2–5

PRIVATE Fee-paying sector | STATE SECTOR (non fee-paying)

ENGLAND AND WALES   [SCOTLAND]

Une école obligatoire, laïque et gratuite

Le système éducatif français ne peut se comprendre que si l'on retourne à ses origines: les lois scolaires de Jules Ferry, 1881.

Faisant suite au Second Empire, la Troisième République s'efforce de donner des fondations solides et durables à la République, encore jeune et fragile. Les dirigeants politiques de l'époque, surtout Jules Ferry, estiment qu'une des tâches les plus urgentes est «d'arracher les enfants des mains de l'Église».

« L'école républicaine doit former sa jeunesse de sorte que dans vingt ans, il n'y aura plus qu'une catégorie de Français, ayant tous reçu la même éducation, celle de l'école laïque, républicaine. »

Une école laïque

L'école en France suit toujours les principes fondamentaux exprimés par Jules Ferry: indépendance vis-à-vis de l'Église, assurer à tous un minimum culturel, c'est-à-dire savoir lire, écrire et compter. Il n'y a pas d'enseignement religieux dans les écoles mais, et cela revient à la mode, de l'instruction civique au cours de laquelle les enfants apprennent une morale républicaine, sorte de «foi» dans la patrie qui remplace la foi en Dieu.

Une école gratuite

Si l'enseignement lui-même est gratuit dans les écoles d'État, en revanche les fournitures scolaires sont, en très grande partie, à la charge des parents: crayons, stylos, livres, cahiers et un énorme cartable qui contient tout cet équipement lourd et coûteux.

Chaque année la triste histoire de la famille X arrive à d'autres familles.

« Le jour de la rentrée des classes, Martine et son frère restent chez eux. Au bout de quelques jours, le directeur de leur école s'inquiète de leur absence. Une visite par l'assistante sociale révèle la situation suivante: les X, qui n'ont pas encore reçu les Allocations Rentrée Scolaire, ne peuvent pas acheter tout ce dont ont besoin leurs deux enfants. Plutôt que d'avoir à affronter les moqueries des autres enfants, les questions des instituteurs, la honte de ne pas être comme les autres, les enfants, avec l'accord de leurs parents, ont préféré manquer l'école. »

Une école obligatoire

La scolarité est obligatoire jusqu'à l'âge de 16 ans. Il est toutefois impossible de prédire de façon sûre à quel niveau d'éducation se trouvera un jeune à la fin de sa scolarité car si un élève ne réussit pas à atteindre un niveau de connaissances jugées indispensables pour passer dans la classe supérieure, il doit «redoubler». Ainsi parmi les élèves qui arrivent au baccalauréat, seuls 11% ont l'âge normal.

JULES FERRY
Député de la 6ᵉ circonscription de Paris au Corps législatif (dessin de Gilbert).

S'instruire en Grande-Bretagne

Complexe et varié, l'enseignement britannique déconcerte bon nombre de Français. Dans l'article ci-dessous Bernard Emont considère d'un point de vue français l'éducation en Grande-Bretagne.

Sous sa forme moderne, le système éducatif de Grande-Bretagne a un peu plus de cent ans. C'est en 1870 en effet que fut décidée la généralisation de l'école élémentaire sur tout le territoire de l'Angleterre et du Pays de Galles. Cette mesure fut complétée en 1872 par une extension du régime à l'Écosse mais il faut constater que le système écossais est aujourd'hui très différent du reste du pays. De nouvelles lois en 1902, puis en 1944 créèrent un enseignement secondaire d'État, en même temps que la scolarité obligatoire était prolongée à 15 ans, puis en 1973 à 16 ans. Le gouvernement actuel envisage d'autres réformes de grande envergure.

UN SYSTÈME TRÈS DÉCENTRALISÉ

Au sommet comme à la base de la pyramide des responsabilités, le système britannique se caractérise par une large décentralisation. Ou plutôt, par une non-centralisation car il n'a jamais été réellement centralisé.

Tout en haut, il n'y a pas un, mais quatre ministères de l'Éducation correspondant aux divisions traditionnelles, elles-mêmes héritées des grandes entités fondatrices du Royaume-Uni: Écosse, Pays de Galles, Irlande du Nord, Angleterre.

Mais la «décentralisation à la base» est sans nul doute la plus importante: on a pu définir le système éducatif britannique comme «*un service national administré par des autorités locales*». Ces «*autorités locales*» sont au nombre de 162. Elles gèrent à 85% le total des dépenses éducatives, dont elles financent 40% par des taxes prélevées directement dans les différents comtés (qui correspondent en gros à nos départements). Dans un système où les professeurs n'ont pas la qualité de fonctionnaires d'État, ce sont elles qui assurent l'essentiel des recrutements. Leur pouvoir s'étend jusqu'à la gestion des programmes locaux, pouvoirs qu'elles partagent et dans une mesure croissante avec les établissements. Elles sont dirigées par des CEO (Chief Education Officers) qui disposent d'une certaine autonomie, tout en s'appuyant sur un conseil élu par le comté.

La même autonomie s'exerce au niveau des établissements. Non seulement il y a lieu de distinguer entre les *independent schools* et les autres (7% contre 93%); à l'intérieur du secteur public, il y a les écoles confessionnelles, qui incluent un enseignement religieux au nombre de leurs activités régulières, et qui reçoivent des subventions importantes.

UN VASTE MOUVEMENT DE CRITIQUES ET DE RÉFORMES

Un tel système a l'avantage de s'adapter à une multiplicité de besoins individuels ou collectifs. Mais à l'heure des bouleversements technologiques, de l'appel au renforcement des qualifications pour répondre aux besoins économiques nationaux ou internationaux, il paraît tout à fait dépassé aux yeux du gouvernement conservateur qui, paradoxalement, vise à engager des réformes à plusieurs niveaux.

Constat d'ensemble: **«le niveau généralement atteint par les élèves n'est ni aussi haut qu'il pourrait l'être, ni aussi adapté qu'il le faut aux perspectives du XXIe siècle»**

Cibles principales des critiques: la formation insuffisante des enseignants, la trop grande décentralisation des programmes, le manque de pouvoir des parents vis-à-vis des élus des autorités locales, le système trop complexe des examens.

Malgré certaines lenteurs, dues au respect jaloux des prérogatives locales et des libertés individuelles, propres à ce pays, le vent est, décidément, à l'action et aux transformations.

L'école primaire en France vue par un Anglais

Un instituteur anglais rend compte de sa visite dans des écoles françaises.

The overriding impression made on me by my visitis to French primary schools was that I was stepping back a whole generation. Although the external appearance of the schools was not very different, rarely did I see one that was not organised internally along what we would generally regard as 'traditional' lines: self-contained classrooms opening off main corridors. A school designed on the open plan model, or having extra informal spaces for group-work or individual study, was very much the exception.

The curriculum and the teaching style bore the same hall-marks: formal, firmly-structured learning with minimal departure from the standard model. Although the cliché is probably no longer true that the Education Minister in Paris knows exactly what every pupil in France is doing at any given moment, he will certainly be aware of what each child is supposed to know at the end of each term. The guide-lines for learning and the standards to be attained are laid down centrally and it is not uncommon for those who fail to come up to the mark to repeat their academic year ... *redoubler* is used as a threat for the lazy or recalcitrant.

Within the classroom, there is the impression that learning is mainly about assimilating and regurgitating a body of knowledge. There is more dictation, repetition and memorising than would be found in most primary classrooms on this side of the Channel. The testing is more formal and learning facts by heart seems to form the staple diet of the teaching method. The British emphasis on primary school as a place for exploration and social adjustment would be unpopular with many French parents who see it rather narrowly as the early rungs in a formal educational ladder which will eventually lead to the *lycée*, the *baccalauréat* and, best of all, one of the *Grandes Ecoles*.

It is ironic that some of the changes proposed in the 1988 Education Bill in Great Britain will bring us closer in style and purpose to our counterparts in France, just at the time when some of them are wondering whether they are really giving sufficient attention to social skills and imaginative work.

One thing we do have in common is that funds are short. Children are often expected to provide their own pens, pencils and even slates, just as they will have to pay for their own books when they reach the secondary stage. Although French parents are anxious not to contravene the great principles of Jules Ferry that school should be not only *obligatoire* and *laïque* but also *gratuite*, some fundraising does go on at the summer fair (*kermesse*) even if it is not organised with the same fervour and commitment which you find in the PTAs of middle-class suburbia in Britain.

L'éducation pré-scolaire

Après avoir vécu quelques années en France, Françoise et son mari Peter viennent de s'installer en Angleterre: ils ont deux enfants: Jean-Pierre qui a 4 ans et Marie-Claude, une petite fille de 2 ans. Dans une lettre adressée à son amie Martine, Françoise raconte à quel point elle a été surprise par l'attitude des Britanniques envers la scolarisation des très jeunes enfants.

Cambridge, le 10 décembre

Chère Martine,

Merci de ta gentille lettre de la semaine dernière. Et oui, nous voilà maintenant bien installés, Peter et moi, dans notre nouvelle demeure et dans l'ensemble, tout va bien.

Ce qui m'a surprise et m'a causé beaucoup de soucis ces dernières temps, c'est qu'il n'y a pas d'écoles maternelles comme chez nous. Tu te rappelles que Jean-Pierre y allait quand il avait deux ans et demi et que Marie-Claude était sur le point de commencer quand nous sommes partis pour l'Angleterre.

Ici la scolarité ne commence qu'à partir de cinq ans. Pour les moins de cinq ans, il faut se débrouiller comme on peut pour trouver une place, payante bien entendu, dans une "nursery school", ce qui n'est pas facile, je t'assure. En ce qui concerne Jean-Pierre, qui aura bientôt cinq ans, j'ai réussi à l'inscrire dans une "nursery class" rattachée à une école primaire, mais il ne peut y aller que le matin. Pour Marie-Claude, j'ai le choix entre d'un côté, un "play group", une sorte de garderie-jardin d'enfants à mi-temps, organisé et dirigé par des mères de famille et qui se tient le plus souvent dans des salles paroissiales ou municipales, ou bien de l'autre côté, un "child-minder", c'est-à-dire une nourrice. J'en ai trouvé une qui est très bien mais elle garde déjà six enfants chez elle. Ce n'est donc pas l'idéal. Comme tu vois, mes grands projets de reprendre à plein temps ma carrière dans l'informatique se trouvent plutôt compromis. Je devrai me contenter d'un petit mi-temps et encore.

Il a fallu que je vienne en Angleterre pour me rendre compte que tout n'est pas à dénigrer dans le système éducatif français et que, avec les maternelles, les Françaises sont vraiment gâtées!

J'espère que tu vas bien et les petits aussi.

Écris-moi bientôt,

Amitiés,

Françoise.

Qui fait quoi au collège en France

Le principal

Il a un rôle important car c'est lui qui doit faire respecter les règlements et les programmes scolaires imposés par le gouvernement. Il a autorité sur le personnel du collège et il est responsable de tout ce qui s'y passe. En fonction du nombre d'élèves et de professeurs, il établit les emplois du temps. Il doit réunir les conseils de classe et il doit tenir compte des revendications des parents d'élèves, ainsi que des syndicats des enseignants. Il est aidé dans son travail d'un ou deux adjoints et de plusieurs secrétaires.

Les professeurs

Ils enseignent une ou deux matières et ont un nombre précis de cours chaque semaine. Ils n'ont aucune responsabilité en dehors de leurs classes. Les activités extra-scolaires sont donc peu soutenues. Chaque classe a un professeur principal avec qui les parents et les élèves peuvent discuter de leurs progrès en classe.

Les parents

Ils jouent un rôle de plus en plus important dans le collège. Ils participent aux conseils de classe. Leurs élus ont le droit d'aborder les problèmes, s'il y en a, avec le principal. Leur soutien est essentiel au bon fonctionnement de l'établissement.

L'intendant

Il travaille en étroite collaboration avec le principal en ce qui concerne le budget du collège. Il s'occupe de tous les comptes du collège et commande les fournitures. C'est lui qui est responsable de la cantine.

Les élèves

Ils sont là pour apprendre! Ils ont beaucoup de travail à faire au collège et à domicile. Ils se plaignent souvent que leur programme est trop chargé. Ils ne portent pas l'uniforme scolaire mais ils doivent subir une discipline relativement formelle et traditionnelle.

Le conseiller d'éducation

Il s'appelait autrefois ‹le censeur›. Il avait la réputation d'être très sévère et de manquer d'humour. Ce n'est pas surprenant car c'est lui qui fait respecter l'ordre et la discipline dans le collège. Il dirige l'équipe de surveillants.

Les surveillants

Ils conservent leur surnom de ‹pions›. Ils sont responsables des élèves en dehors des heures de cours, c'est-à-dire à la récréation et au déjeuner. Ce sont souvent des étudiants qui gagnent un peu d'argent pour payer leurs études. Ce n'est pas toujours facile car ils sont à peine plus âgés que quelques-uns de ceux qu'ils surveillent.

Le conseiller d'orientation

Il vient de temps en temps pour participer aux discussions sur l'orientation scolaire des élèves. Il les aide à choisir leurs études et à s'orienter vers un métier.

Le documentaliste

C'est la personne qui s'occupe de la bibliothèque du collège.

Vive la discipline anglaise?

Les Français ont une attitude ambigüe en ce qui concerne la discipline en vigueur dans les écoles anglaises. Dans le premier extrait, un jeune Français de 14 ans fait part de ses impressions après un séjour dans une école anglaise.
Dans le deuxième, tiré du *Journal du Dimanche*, Jean-Noël Fournier commente l'abolition du châtiment corporel en Grande-Bretagne.

« Nous, les Français nous aimons bavarder avec le voisin en classe mais souvent c'est dangereux. Si on se fait prendre, on risque une bonne punition . . . !

En Angleterre, vous pouvez bavarder, rire, chahuter mais essayez donc de faire cela en France! En sport, ils ont beaucoup plus de matériel: environ 2 ha pour jouer au football . . . et ils peuvent emprunter les ballons de l'école. Ils ont des professeurs très sympathiques qui n'hésitent pas à expliquer plusieurs fois ce que vous n'avez pas compris. J'ai assisté à un cours de géographie où des élèves présentaient un exposé; je ne vous raconte pas la «crise».

Mais pour tout vous avouer, je préfère nos professeurs et surtout notre école, même si on y attrape beaucoup de punitions. *Jean-Bernard Wasselin, élève de 4e au Collège Paul Éluard, Pont-de-Briques*

Révolution à Londres: on ne fessera plus l'écolier

En Angleterre, c'est une révolution: il n'y aura plus de châtiment corporel dans les écoles publiques. Ainsi vient d'en décider la Chambre des communes après trois heures trente de débat houleux et passionné.

Supprimer la badine, c'est un peu comme si le bacon disparaissait des breakfasts ou si l'on remplaçait les bonnets à poil des gardes de Buckingham par des casques à pointe.

Mais rassurez-vous, les Anglais ont toujours autant de mal à rompre avec leurs traditions. **L'abolition n'a pas été emportée facilement par les travaillistes. Bien au contraire. Elle a même été votée à l'arraché: 231 voix contre 230.** A un bulletin près, les professeurs d'outre-Manche gardaient le privilège unique en Europe de pouvoir châtier durement leurs vilains garnements. A l'issue du vote, les députés conservateurs ont crié à la tragédie tandis que leurs adversaires hurlaient des «hip hip hourra».

Le 22 juillet 1986 sera donc désormais un jour de fête pour les écoliers britanniques. Une date aussi importante à retenir que le 18 juin 1815 qui marque la victoire de Waterloo. La fin du châtiment corporel dans les écoles rompt avec cette culture victorienne pourtant si chère à Margaret Thatcher.

Elle met fin aussi à **une polémique qui dure depuis quatre ans.** Depuis que, sur plainte de deux parents d'enfants corrigés, **la Cour européenne des droits de l'homme a condamné la Grande-Bretagne**, le pays était divisé sur cette question. La Dame de fer souhaitait même trouver une solution de compromis: les parents auraient eux-mêmes décidé si leurs enfants pouvaient être fouettés ou non.

Mais le Premier ministre, qui aurait pu faire obstacle au vote des Communes, était ce soir-là en pleine discussion avec M. Reagan.

La disparition du «caning», c'est ainsi que l'on appelle l'execution d'une punition à coups de canne, va très certainement modifier les mentalités. Car des générations d'Anglais ont été élevées à la badine selon des règles que seul ce peuple pouvait inventer.

Les «abolitionnistes» doivent cependant patienter encore un an car la décision du vote des Communes ne sera effective qu'**en août 1987.** Pendant un an les écoliers britanniques devront encore serrer les dents.
JEAN-NOEL FOURNIER
Journal du Dimanche

L'école vécue par les élèves

Christopher, jeune Anglais de 15 ans, et Charlotte, sa cousine française, se retrouvent pendant les grandes vacances en France. Ils comparent leurs emplois du temps et leurs calendriers scolaires. Ils estiment qu'ils ont tous les deux de quoi se plaindre!

Voici le calendrier scolaire national et l'emploi du temps de Charlotte, élève de 3e dans un C.E.S.

CALENDRIER DE L'ANNÉE SCOLAIRE 1986–1987

		ZONE I	ZONE II
RENTRÉE		Mercredi 3 septembre 1986	Mercredi 3 septembre 1986
VACANCES D'AUTOMNE (Toussaint)	Sortie	Samedi 25 octobre 1986 après la classe	Samedi 25 octobre 1986 après la classe
	Rentrée	Jeudi 6 novembre 1986 au matin	Jeudi 6 novembre 1986 au matin
VACANCES DE NOEL	Sortie	Samedi 20 décembre 1986 après la classe	Samedi 20 décembre 1986 après la classe
	Rentrée	Lundi 5 janvier 1987 au matin (1)	Lundi 5 janvier 1987 au matin
VACANCES D'HIVER (Mardi gras)	Sortie	Samedi 14 février 1987 après la classe	Samedi 21 février 1987 après la classe
	Rentrée	Lundi 2 mars 1987 au matin	Lundi 9 mars 1987 au matin
VACANCES DE PRINTEMPS (Pâques)	Sortie	Samedi 11 avril 1987 après la classe	Samedi 18 avril 1987 après la classe
	Rentrée	Lundi 27 avril 1987 au matin	Lundi 4 mai 1987 au matin
VACANCES D'ÉTÉ	Sortie	Mardi 30 juin 1987 au soir	Mardi 30 juin 1987 au soir

ZONE I: académies de Paris, Créteil, Versailles, Bordeaux, Caen, Clermont-Ferrand, Grenoble, Montpellier, Nancy-Metz, Nantes, Nice, Rennes.
ZONE II: académies d'Aix-Marseille, Amiens, Besançon, Dijon, Lille, Limoges, Lyon, Orléans-Tours, Poitiers, Reims, Rouen, Strasbourg, Toulouse.
N.B. – *Pour les académies de la Corse, de la Réunion et des Antilles-Guyane, c'est le recteur, par dérogation au droit commun, qui arrête le calendrier scolaire.*
(1) Sauf pour les académies de Paris, Versailles et Créteil, qui rentrent le mardi 6 janvier au matin et ont classe le mercredi 7 janvier.

LE MONDE DE L'EDUCATION – Avril 1986

EMPLOI DU TEMPS 19 __86__   19 __87__

	8h30–9h30	9h30–10h25	10h35–11h30	11h30–12h30	12h30–13h30	13h30–14h30	14h30–15h30	15h30–16h30	16h30–17h30
Lundi	FRANÇAIS	ESPAGNOL	ANGLAIS	MATHS	DÉJEUNER		SCIENCES EXPÉRIMENTALES		✕
Mardi	MATHS	FRANÇAIS	ANGLAIS	GÉOGRAPHIE	DÉJEUNER		ÉDUCATION PHYSIQUE		✕
Mercredi	←			CONGÉ					→
Jeudi	ESPAGNOL	HISTOIRE		EPS	DÉJEUNER		ANGLAIS	✕	✕
Vendredi	✕	MATHS	ÉDUCATION CIVIQUE	FRANÇAIS	SCIENCES EXPÉRIMEN-TALES	DÉJEUNER	E.M.T (DESSIN)		✕
	✕	FRANÇAIS	MATHS	ESPAGNOL	✕	✕	✕	✕	✕

Le calendrier scolaire en vigueur dans l'école de Christopher est le même pour toutes les écoles du «county» où il habite. Le format de la journée scolaire en revanche est unique à son école et ne ressemble pas à celui des autres collèges de sa ville. L'emploi du temps de Christopher est *personnalisé* dans la mesure où, en tant qu'élève de troisième, Christopher a déjà choisi les matières qu'il désire présenter à l'examen de fin seconde: le GCSE.

SCHOOL CALENDAR, 1986–87

Autumn Term begins	Tuesday, September 2nd
Half-term	October 27th to 31st
Autumn Term ends	Friday, December 19th
Spring Term begins	Thursday, January 8th
Half-term	February 23rd to 27th
Spring Term ends	Friday, April 20th
Summer Term begins	Monday, April 27th
Half-term	May 25th to 29th
Summer Term ends	Friday, July 24th

TIMETABLE 19 8.1 to 19 8.8

	8.50–9.00	Period 1 9.05–10.15	Period 2 10.20–11.30		Period 3 11.50–1 p.m.		2.05–2.30	Period 4 2.35–3.45
Monday	REGISTRATION	ENGLISH	P.E.	B	MATHS	L	ASSEMBLY FORM PERIOD	HISTORY
Tuesday		GERMAN	GEOGRAPHY	R	PHYSICS	U		ENGLISH
Wednesday		GEOGRAPHY	HISTORY	E	RELIGIOUS AND SOCIAL EDUCATION	N		MUSIC
Thursday		MATHS	FRENCH	A	P.E.	C		PHYSICS
Friday		ENGLISH / MATHS	MUSIC	K	GERMA	H		FRENCH

Charlotte	Mais regarde, je dois travailler beaucoup plus que toi. Je commence plus tôt et je termine plus tard.
Christopher	Mais tu as un jour de congé tous les mercredis.
Charlotte	Je préférerais pouvoir partir le vendredi soir pour aller à notre maison de campagne. Ce n'est pas marrant, les cours du samedi matin.
Christopher	Regarde les vacances que tu as. Elles sont beaucoup plus longues que les miennes.
Charlotte	Mes parents trouvent que les vacances d'été sont trop longues: d'abord, parce que je commence à m'ennuyer vers le 15 août; ensuite parce que j'ai tendance à oublier tout ce que j'ai appris pendant l'année précédente.
Christopher	Et les devoirs? Tu en as beaucoup?
Charlotte	Tu parles! Tous les soirs j'en ai pour deux heures au moins, surtout des leçons à apprendre.
Christopher	Et moi, alors? Je passe des heures et des heures à faire des recherches drôlement compliquées pour constituer des dossiers dans chaque matière; et comme ils font partie du contrôle continu, pas question de les bâcler!
Charlotte	On est à plaindre, tous les deux. N'en parlons plus et profitons au maximum des vacances et du beau temps!

L'école vécue par les professeurs

Un professeur français et un professeur anglais se rencontrent pour la première fois au cours d'une visite d'échange qu'ils ont organisée pour leurs élèves. Après avoir remis les jeunes Anglais aux familles françaises qui les hébergent, nos deux compères ont le temps de se détendre un peu.

Pierre	Si on allait prendre un pot ensemble?
Edward	Avec plaisir. Je meurs de soif après ce voyage. Heureusement que tout s'est bien passé.
Pierre	Ça fait longtemps que vous travaillez dans le collège où vous enseignez actuellement?
Edward	Ça fait deux ans déjà mais je pense chercher un nouveau poste à la fin de l'année prochaine.
Pierre	Vous êtes donc libre de choisir votre établissement?
Edward	Oui . . . et non! Il faut d'abord lire les petites annonces qui paraissent dans un journal spécialisé tous les vendredis; une fois qu'on a fait son choix, il suffit de poser sa candidature à l'établissement en question et d'attendre! Si on a de la chance, on est alors convoqué, avec quelques autres candidats, pour une interview qui se déroule le plus souvent en présence du directeur, bien entendu, et de deux ou trois autres personnes, un autre professeur, peut-être, et un membre des «Governors», c'est-à-dire du Conseil d'Administration. Ce sont eux qui, à la fin de ces interviews, nomment l'heureux candidat.
Pierre	Bizarre mais intéressant comme système! Nous, comme nous sommes fonctionnaires, nous sommes nommés, non pas par le chef d'établissement, mais par l'Académie. On remplit une demande de mutation en indiquant, par ordre de préférence, les postes où l'on souhaite être nommé et c'est le Recteur d'Académie qui décide, suivant un barème très compliqué: l'âge, l'ancienneté, le niveau de qualification, le fait qu'on soit marié ou non, qu'on ait des enfants etc. Tout cela est, en principe du moins, pris en considération. Tout se fait sur papier et sans que l'on soit présent.
Edward	Ça ne me plairait pas et je ne pense pas que mon directeur aimerait travailler avec des collègues qu'il n'a pas choisis lui-même. Dites-moi, vous faites combien d'heures de cours par semaine?
Pierre	Ça dépend des diplômes qu'on possède: un agrégé, par exemple, ne fait que 14 heures de cours par semaine mais un certifié en fera de 18 à 22.
Edward	Et quand vous n'avez pas cours?
Pierre	Eh bien, on s'en va. Moi, j'ai un petit appartement pas loin du collège. Je préfère corriger mes copies chez moi, ou bien je sors; je fais ce que je veux. Certains de mes collègues donnent des cours particuliers pour arrondir les fins de mois!
Edward	Ah ça, ça ne me déplairait pas, mais moi, je suis obligé de rester au collège même si je n'ai pas cours.

Pierre	Ce n'est pas vrai! Quel bagne!
Edward	Si, c'est vrai, hélas. Le directeur doit indiquer de façon très précise le nombre d'heures que je dois faire et si un collègue est absent, je dois le remplacer, en essayant de faire cours ou du moins en assurant la surveillance des élèves.
Pierre	Mais vous recevez des indemnités d'heures supplémentaires pour cela?
Edward	Non, pas du tout! Ça fait partie de mon contrat.
Pierre	Ça alors! J'avoue que je n'aimerais pas travailler dans des conditions pareilles.
Edward	Peut-être, mais je crois que je jouis d'une plus grande liberté que vous en ce qui concerne mes cours.
Pierre	Je veux bien le croire! Nous, on doit suivre le programme établi par le Ministère de l'Éducation à Paris. Les inspecteurs viennent contrôler et si on s'éloigne trop du programme, on risque d'être mal jugé et mal noté.
Edward	Et alors?
Pierre	Et alors, quand on demande sa mutation, on risque fort d'être envoyé dans un vrai trou ou même de se la voir refuser!
Edward	Ce n'est donc pas le paradis des professeurs, ni chez vous ni chez nous.
Pierre	Et non! Si seulement on pouvait créer un système qui combinerait les meilleures idées de nos deux pays . . .

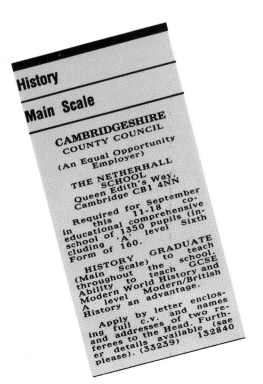

History
Main Scale

CAMBRIDGESHIRE
COUNTY COUNCIL
(An Equal Opportunity
Employer)

THE NETHERHALL
SCHOOL
Queen Edith's Way,
Cambridge CB1 4NN

Required for September in this 11-18 co-educational comprehensive school of 1350 pupils (including of 'A' level Sixth Form of 160.

HISTORY GRADUATE (Main Scale) to teach throughout the school: GCSE Ability to teach GCSE Modern World History and 'A' level Modern/British History an advantage.

Apply by letter enclosing full c.v. and names and addresses of two referees to the Head. Further details available (sae please). (33239) 132840

Speech and Drama
Main Scale Incentive C

ESSEX
THE EASTWOOD SCHOOL
Rayleigh Road, Leigh-on-Sea
SS9 5UT
Tel: Southend 525358
(Roll 950)

HEAD OF DRAMA - Incentive 'C' Allowance Experienced teacher to develop GCSE courses and across specialist facilities established curriculum. two Stages include Studio and

Letters of application to Headteacher by Wednesday, 20th April 1988. Please telephone for details 0702 528539 (36892) 135234

Le Baccalauréat

Le Baccalauréat constitue la clef de voûte de l'enseignement français. Tous ceux qui réussissent à atteindre la classe Terminale passent, à l'âge de 18 ans environ, cet examen de fin d'études secondaires. Jacky Simon en explique l'importance.

Baccalauréat: programme de travail

		A1		A2		A3		C	D		E		B	
horaires vers enseigements littéraires, scientifiques, économiques.		1ᵉ	T	1ᵉ	T	1ᵉ	T	1ᵉS	TC	TD	1ᵉ	T	1ᵉ	T
disciplines générales	français	5 h	–	5 h	–	5 h	–	4 h	–	–	4 h	–	4 h	–
	philosophie	–	8 h	–	8 h	–	8 h	–	3 h	3 h	–	3 h	–	5 h
	histoire géographie ins. civ.	4 h	4 h	4 h	4 h	4 h	4 h	4 h	3 h	3 h	2 h	–	4 h	4 h
	langue vivante 1	3 h	3 h	3 h	3 h	3 h	3 h	3 h	2 h	2 h	3 h	2 h	3 h	3 h
	sciences naturelles	2 h	–	2 h	–	2 h	–	2 h ½	2 h	5 h	–	–	2 h	–
	sciences physiques	1 h ½	–	1 h ½	–	1 h ½	–	5 h	5 h	5 h	5 h	5 h	1 h ½	–
	mathématiques	5 h	5 h	2 h	2 h	2 h	2 h	6 h	9 h	6 h	6 h	9 h	5 h	5 h
	sciences éco.	–	–	–	–	–	–	–	–	–	–	–	4 h	5 h
	technologie	–	–	–	–	–	–	–	–	–	12 h	11 h	–	–
	éducation physique	2 h	2 h	2 h	2 h	2 h	2 h	2 h	2 h	2 h	2 h	2 h	2 h	2 h
options obligatoires	soit latin ou grec ou LV 2	3 h	3 h	–	–	3 h	3 h						3 h	3 h
	soit latin + grec ou latin + LV 2 ou grec + LV 2 ou LV 2 + LV 3	–	–	3 h + 3 h	3 h + 3 h	–	–							
	soit éducation musicale	–	–	–	–	4 h	4 h							
	ou arts plastiques et architecture	–	–	–	–	4 h	4 h							

Aux enseignements obligatoires peuvent être ajoutés des enseignements complémentaires

Parmi les cérémonies rituelles qui font de l'existence des Français une fête perpétuelle: baptêmes, communions, vendanges, enterrements, mariages, élections municipales partielles, il en est une qui mérite d'être présentée à nos admirateurs britanniques, c'est LE BAC.

Régulièrement menacé de mort par asphyxie ou baisse de niveau, découpé, amputé puis grossièrement reconstitué à plusieurs reprises, le baccalauréat se présente aujourd'hui comme un solide gaillard de soixante-quinze ans dont l'existence est régie par une centaine de décrets et circulaires parus entre le 10 avril 1943 et le 19 novembre 1981.

Chaque année, donc, quelques semaines avant le départ du Tour de France, au cours d'une cérémonie grandiose organisée dans tous les Rectorats, des centaines de milliers de jeunes Français affrontent enfin la bête fabuleuse, après douze années d'études ou, si l'on préfère, douze mille heures d'attente.

Quel qu'il soit, pourtant, qu'il s'appelle A1, B ou C, le baccalauréat reste la clé de voûte du système éducatif français. Examen général, terminal et national, il n'est pas seulement un passeport pour l'Université ou un permis de circuler dans les dédales des concours administratifs. Il représente une garantie de savoir pour la société, ce qui autorise à tout oublier. Il constitue une preuve de bonne conduite pour la famille, ce qui autorise à tout faire.

«Passe ton bac d'abord, après on verra ...»; ainsi se manifeste pour la dernière fois l'autorité des parents assiégés. Interdiction en-deçà du bac, autorisation au-delà ... La liberté au bout du stylo, en quelque sorte.

On comprendra sans peine, dans ces conditions, que cette épreuve suprême bouleverse la vie des familles qui abritent l'un de ces jeunes dieux que le monde nous envie: un futur bachelier. L'année du bac, celui-ci bénéficie d'un statut privilégié qui l'exclut des corvées de vaisselle et des sorties du dimanche, le dispense de répondre lorsqu'on lui adresse la parole et lui permet de se nourrir exclusivement de lait demi-écrémé et de sardines au poivre vert. Dans le silence d'une chambre inaccessible, où le désordre et la poussière sont désormais signes de concentration, il bachote.

L'usage veut qu'à quelques jours de l'examen, le moral du candidat s'effondre et que le jeune athlète menace de tout abandonner. La famille intervient alors et promet une récompense, d'autant plus forte que la réussite paraît moins probable. Une dépression ou une crise de nerfs, au moment crucial, peuvent rapporter une moto japonaise, une chaîne haute-fidélité ou un voyage en Espagne.

Un soir enfin, tout marqué des traces de la lutte et de la superboum super qui a suivi, il fait son entrée, le bac en poche. Le cercle de famille
applaudit à grands cris. Et l'enfant disparaît ...

Jacky Simon (adapté)

L'enseignement en France a fait l'objet de nombreuses critiques; on lui a reproché son approche étroite et rigide, sa centralisation excessive. Dans une lettre publiée dans *Le Monde de l'Éducation* une jeune femme se souvient avec nostalgie de sa vie de lycéenne et vient à la défense de son bon vieux lycée qu'elle a quitté il y a trois ans seulement.

Je regrette
▇ ma vie de lycéenne

L'école est aujourd'hui la victime de bien des revendications et d'attaques de toutes parts. A cela je voudrais donner mon droit de réponse en tant que lycéenne. Voici mon témoignage, car j'estime que les principaux concernés dans cette affaire, les élèves, n'ont pas beaucoup d'occasions pour exprimer leur opinion.

Le lycée est un lieu privilégié. C'est le seul endroit où des élèves peuvent s'exprimer en toute liberté. En classe, dans la cour du lycée, dans le journal scolaire. C'est dans ce lieu de rencontre, dans ce musée des livres, dans ce puits de connaissances que j'ai appris à communiquer avec les autres, à prendre des responsabilités. C'est à l'école que s'est fait mon apprentissage de la vie active et du monde du travail, c'est là où je me suis le mieux armée pour affronter la réalité quotidienne.

Au lycée, toutes les ambitions étaient permises, les illusions possibles. Je pouvais encore y voir grand, je pouvais encore rêver. Je pouvais m'insurger contre les injustices, me révolter contre la hiérarchie, me permettre de commettre des fautes qui, je le savais, me seraient pardonnées; d'être naïve et coléreuse, tolérante et butée, innocente et coupable, conservatrice et révolutionnaire à la fois. J'étais libre de mes agissements, de mes pensées ...

Aujourd'hui entrée dans la vie active, j'ai pénétré par la même occasion dans le système du conditionnement, de l'abrutissement, de l'aliénation.

Je regrette ma vie de lycéenne, les discussions dans la cour, les débats en classe où les bêtises se mêlaient aux idées les plus sensées, où les rires se déclenchaient avec une telle facilité que Sartre, au lieu d'écrire *Huis clos*, aurait emprunté *le Rire* de Bergson, où l'on s'émouvait lorsque, enfin, le plus timide de la classe osait s'exprimer, non sans peine, et qu'il rougissait de tous les regards posés sur lui.

Je regrette, enfin, les amitiés particulières avec mes camarades de classe, les craintes que l'on n'osait révéler, les amours adolescentes qui n'aboutiraient jamais ... *(Maryse Perez, vingt et un ans, Nîmes (Gard))*

L'éducation au-delà de 16 ans en Grande-Bretagne

L'éducation à plein-temps au-delà de 16 ans était jusqu'à ces derniers temps essentiellement fondée sur l'existence des «Sixth Forms» à l'intérieur même des écoles secondaires; les élèves concentraient tous leurs efforts sur trois matières en vue de passer les A Levels. Plusieurs changements sont en train de prendre place:

- des «Sixth Form Colleges», ou dans certains endroits des «Collèges tertiaires» qui offrent à la fois un enseignement académique et une formation professionnelle, remplacent peu à peu les Sixth Forms qui sont souvent trop petites pour pouvoir offrir un large choix de matières. La création de «Sixth Form Colleges» et la suppression des Sixth Forms en existence provoquent souvent de vifs débats pour des raisons aussi bien politiques que pédagogiques. Le Parti Conservateur a tendance à préférer le maintien des Sixth Forms dans des collèges secondaires alors que le Parti Travailliste, le Parti Libéral et le SDP ont en général favorisé «Sixth Form Colleges», en dehors du cadre scolaire secondaire.

- On a beaucoup critiqué l'étroitesse des A Levels et après les échecs successifs de multiples tentatives de réforme on est enfin en train de mettre au point un nouveau système d'examens: les A.S. (Advanced Supplementary exams) qui équivaudraient à un demi-A Level. Il est encore trop tôt pour pouvoir estimer l'impact que ces examens auront sur les études universitaires.

- Le salaire pour étudiant à plein-temps reste encore un sujet de débats passionnés. Les jeunes qui quittent l'école à 16 ans pour s'inscrire à un programme de formation pour jeunes reçoivent une bourse de l'Etat mais ceux qui choisissent de poursuivre leurs études à plein temps n'y ont pas droit; il n'est donc pas étonnant que bon nombre d'étudiants décident de prendre un emploi à mi-temps afin de pouvoir joindre les deux bouts.

Des élèves français en classe Terminale au Lycée Français de Londres rendent visite à une Sixth Form d'un collège secondaire; ils font part de leurs impressions après leur visite:

People do not only learn, th take part in the day to da running of the school. Thus my partner for the day had to referee a foot ball match in the Lower school. I think that giving such responsibilities to pupils is very important ... In most French schools, the Headmaster, as well as some of the teachers, are feared, and because of this year, are not respected

Olivier

The 6th form system is one of the best to get the pupils ready for a good start at university as they are learning to be responsible for themselves

Laurence

Because there are only between twelve and sixteen pupils per group in the upper sixth, the teachers get to know the pupils better and the atmosphere is warm and friendly.

Frédérique

The homework required for passing A levels is considerable although they only have about 10 hours' lessons a week. They have to organize their own work - schedules. They have to be very motivated.

Ayoko

the school must not only be a place where pupils study but equally a place where they can acquire a sense of their responsibility to the community

Agnès

Entrer à l'université en France

Tout étudiant français ayant obtenu le Baccalauréat est assuré d'une place à l'université. C'est pouquoi le taux de jeunes suivant des études universitaires est de 26% en France alors qu'il n'est que de 14% en Grande-Bretagne. En outre, les hommes politiques français font de plus en plus pression pour que ce taux soit accru, car ils sont convaincus qu'une formation plus poussée permettra d'obtenir, comme au Japon, de meilleurs résultats économiques à long terme. Les principaux problèmes sont:

- insuffisance de locaux universitaires.
- cours magistraux donnés dans d'énormes amphithéâtres (certains à Paris pouvant contenir jusqu'à 2 000 étudiants). Les étudiants ont deux cours de travaux dirigés par semaine mais dans des classes pouvant comprendre jusqu'a 45 étudiants.
- aucune méthode de sélection d'entrée à l'université (sauf en médecine). Lorsque le gouvernement a tenté d'introduire une forme de sélection la réaction des étudiants a été si violente que le Ministre de l'Éducation a été obligé de démissionner et la réforme a été abandonnée. Les étudiants sont acceptés suivant la formule premiers arrivés, premiers servis; d'où les queues d'étudiants qui se forment pendant la nuit aux portes des universités parisiennes, à la veille des inscriptions d'entrée.
- pourcentage élevé d'étudiants qui abandonnent leurs études au cours des deux premières années.

Il n'est donc pas surprenant que les meilleurs élèves préfèrent travailler extrêmement dur pour essayer d'entrer dans une des Grandes Ecoles. (voir page 92)

Joanna vient de passer ses A Levels; elle a enfin le temps d'écrire à sa correspondante Brigitte . . . et en Grande-Britagne.

Haywards Heath, le 30 juin

Chère Brigitte,

Excuse-moi de ne pas t'avoir écrit plus tôt. J'ai terminé mes A-levels hier seulement!

Ce que tu ne sais peut-être pas, c'est que mon entrée à l'université dépend de mes résultats au A-level. Depuis Noël dernier, j'ai consulté des dizaines de brochures pour trouver une université convenable avec un programme intéressant (je veux étudier les langues vivantes et le commerce), un cadre agréable, une bonne ambiance parmi les étudiants — et qui ne soit pas trop exigeante en ce qui concerne les «grades» au A-level.

J'ai fait le tour de cinq universités auxquelles j'ai posé une demande d'inscription et j'ai été carrément refusée par deux d'entre elles; les trois autres, après m'avoir fait subir une interview, m'ont offert une place à condition d'avoir des résultats satisfaisants. J'ai accepté, provisoirement, deux places: l'une à Leicester qui me prend pourvu que j'obtienne 3B et l'autre à Bradford, moins difficile, qui n'exige que 3 C.

Tu peux comprendre maintenant pourquoi j'attends le 15 août avec une certaine inquiétude. Mes parents sont très gentils et essaient de me rassurer mais je crois qu'ils sont aussi un peu inquiets pour moi. Ça se comprend.....

À la fin de juillet, j'aurai deux semaines de libre. Est-ce que je pourrais venir te voir.....

Grandes Écoles: *les portes du paradis*

Les Grandes Ecoles constituent un des aspects particuliers de l'enseignement français. Ce sont elles qui forment en grande partie l'élite scientifique, commerciale, militaire et littéraire du pays.

Perrine: 18 ans, originaire d'Angers.
- a obtenu le Baccalauréat mention Bien avec un an d'avance.
- vient de passer un an dans un lycée parisien, en classe préparatoire, afin de préparer le concours d'entrée à H E C (Hautes Etudes Commerciales).
- résultat au concours d'entrée: 500ème sur 4 000 candidats. Bien qu'elle ait échoué, ce résultat satisfaisant l'encourage à refaire une deuxième année de préparation afin de tenter sa chance une deuxième fois.

Derek: 18 ans. Il s'apprête à étudier la littérature anglaise à Cambridge.

Perrine essaie d'expliquer à Derek pourquoi elle s'efforce d'entrer dans une Grande Ecole plutôt que d'aller à l'université, ce qui serait plus facile.

Derek Pourquoi as-tu choisi de préparer une Grande École plutôt que d'entrer à l'université après ton bac?

Perrine C'est que les Grandes Écoles offrent essentiellement deux avantages: des études intéressantes et détendues et, à la sortie, un travail assuré et bien payé. Toute la difficulté consiste à intégrer une Grande École: le concours d'entrée élimine 90% des candidats! Moi, j'ai déjà fait une année de «prépa» après mon bac et, comme tu le sais, il me faudra au moins une deuxième année et peut-être même une troisième pour réussir.

Derek Tu n'as pas été tentée de renoncer?

Perrine Pas du tout. Il faut avouer que ces années de préparation sont très dures, une sorte de bagne, un enfer, mais qui donne la clé du paradis. En effet, la vie à l'École même exigera beaucoup moins de travail; les examens n'existent quasiment plus et, excepté pour les dix premiers, le

Cour de la Sorbonne, Paris

classement final est sans importance.

Derek   Mais si vous ne travaillez pas beaucoup à l'intérieur de l'École, pourquoi êtes-vous si recherchés dans le monde du travail?

Perrine   Tout d'abord le concours d'entrée sanctionne non seulement la connaissance, mais aussi la capacité de travail, la propension du candidat à devenir un manager modèle. Ainsi la curiosité, l'opportunisme, l'orgueil même sont-ils recherchés. Ensuite, les Grandes Écoles offrent des études uniques de part leur niveau, leur variété, leur lien avec les entreprises (stages, forums) et avec l'étranger (USA et Japon notamment). Enfin, la «mafia» des anciens élèves joue un grand rôle: placés aux postes stratégiques, ceux-ci font en priorité appel à leurs cadets pour leur succéder.

Derek   En France le diplôme compte donc beaucoup plus que les qualités personnelles?

Perrine   C'est tout à fait exact, pour le meilleur ou pour le pire. Il est agréable pour l'élève de ne pas avoir à s'inquiéter pour son emploi et de recevoir tout de suite un haut salaire. Cependant, propulser des jeunes sans grande expérience à des postes de responsabilité met en péril l'économie française. Aussi ce système est-il voué à disparaître ou tout au moins à évoluer. Comme cela se pratique au Japon, les postes offerts aux jeunes diplômés tendront de plus en plus vers le bas de l'échelle sociale, mais ils en graviront rapidement les échelons.

Derek   Tu parles beaucoup de vie active, de travail, de salaire, mais on dirait que les études en elles-mêmes ne t'intéressent pas. Te cultiver, approfondir tes connaissances dans un domaine que tu aimes ne compte donc pas?

Perrine   C'est un jugement un peu sommaire, mais il est vrai que l'attrait principal des Grandes Écoles provient de la sécurité et du haut niveau des emplois.

Les diplômes qui 'payent' le mieux

Salaire de début en fonction du diplôme obtenu (en francs par an) **en 1984:**

	Moyenne	Fourchette
ÉCOLES D'INGÉNIEURS		
Polytechnique	142 000	120 000–170 000
Centrale (Paris)	141 000	125 000–155 000
Télécom (École Nationale Supérieure des Télécommunications)	140 000	125 000–155 000
Mines (Paris, St-Étienne, Nancy)	140 000	125 000–155 000
SUPELEC (École Supérieure d'Électricité)	138 000	125 000–155 000
ENSTA (École Nationale Supérieure des Techniques Avancées)	138 000	125 000–150 000
Ponts et Chaussées	138 000	125 000–150 000
SUP AERO (École Nationale Supérieure de l'Aéronautique et de l'Espace)	138 000	125 000–150 000
ESPET (Physique, Chimie, Paris)	135 000	125 000–150 000
Arts et Métiers	130 000	115 000–145 000
ÉCOLES COMMERCIALES ET DE GESTION		
HEC (Hautes Études Commerciales)	134 000	115 000–145 000
ESSEC (École Supérieure des Sciences Économiques et Commerciales)	130 000	115 000–145 000
ENSAE (École Nationale de la Statistique et de l'Administration Économique)	128 000	115 000–145 000
UNIVERSITÉS		
Doctorat en Droit ou en Sciences Économiques	123 000	110 000–130 000
Maîtrise Dauphine	115 000	95 000–130 000
Maîtrise d'Information et de Communication (CELSA)	110 000	85 000–125 000

Oxbridge blues

Les Français considèrent avec un léger mépris l'élitisme britannique d'Oxbridge et l'importance qui y est accordée à tout ce qui n'est pas académique. Cet extrait de *L'Angleterre, un monde à l'envers* peut paraître quelque peu démodé mais il représente une opinion encore largement répandue en France:

« Quand Tony Armstrong-Jones épousa la princesse Margaret, ses biographes, en parlant de ses années à Cambridge, retinrent uniquement qu'il s'y était distingué à la barre du Huit qui battit Oxford en 1950. Aucune distinction universitaire ne vaut, pour les Anglais, celle d'être un *blue*, c'est-à-dire d'avoir été choisi pour défendre les couleurs de l'université dans une compétition sportive. Le nom vient justement des couleurs d'Oxford (bleu foncé) et de Cambridge (bleu clair) qui sont aussi celles d'Harrow et d'Eton.

Seules, peut-être, l'Oxford Union et sa présidence égalent-elles en prestige les *blues*. C'est un petit Parlement dont les membres se livrent, avec les mêmes rites que le grand, aux exercices de style politique sous forme de débat. C'est une excellente école d'où sont sortis par exemple Gladstone, Salisbury, Asquith et Macmillan. «Bien sûr, il n'était pas fort au cricket; mais il était président de l'Oxford Union», dit-on de Edward Heath; et cela suffit à justifier l'ancien leader des Tories.

Tout Oxbridge est là. Le travail n'est pas une préoccupation secondaire; c'est simplement autre chose, qui n'est pas l'essentiel. »

Paul-Michel Villa

All Souls College, Oxford

7 Sports

Le coq sportif

Grâce aux rencontres internationales comme les Jeux Olympiques, et la coupe mondiale de football, grâce aussi à l'importance que la télévision attache à la transmission d'événements sportifs, la plupart des sports sont désormais connus et pratiqués dans le monde entier. Les Français et les Britanniques sont tout aussi passionnés de football, de rugby, de tennis, d'athlétisme etc. .

Cependant quelques sports ou jeux ont conservé un certain cachet «national». C'est le cas de la pétanque et du Tour de France en ce qui concerne la France et du cricket et du jeu de *darts* pour la Grande-Bretagne.

Traditionnellement les Français avaient la réputation d'être des sportifs en pantoufles, spectateurs plutôt que participants! Mais les dix dernières années ont vu une profonde transformation dans leur mentalité et leur attitude envers le sport.

Être bien dans sa peau est devenu le slogan des années 80. Les Français redécouvrent leur corps, les vertus de l'exercice physique; ils copient les Américains et se passionnent pour le jogging et l'aérobic. Des sports jusqu'alors réservés à une élite sociale se démocratisent: le tennis et le golf en particulier.

La pratique du sport est en hausse

Font du sport de temps en temps:		
	Hommes: 52%	Femmes: 40%
En 1973:	Hommes: 41%	Femmes: 28%
Font du sport régulièrement: 31.0% des hommes		
	21.4% des femmes.	
En 1973:	22% et 13% respectivement	
S'adonnent régulièrement au jogging et à la gymnastique:		
	Hommes: 18.2%	Femmes: 16.5%

Hit parade des sports en France

Pour les hommes:		*Pour les femmes*	
1	Marche	1	Marche
2	Football	2	Natation
3	Natation	3	Gymnastique
4	Tennis	4	Tennis
5	Vélo	5	Vélo
6	Ski	6	Ski
7	Gymnastique	7	Football
8	Ping-pong	8	Voile
9	Voile	9	Danse

Les parcours du cœur

Créés en 1975 à Lille et à Cambrai, les parcours du cœur qui ont lieu maintenant à travers la France reflètent l'intérêt que les Français portent de plus en plus à leur condition physique.

En 1985, 220 000 personnes ont participé à la journée des Parcours du Cœur qui a pour but d'inciter les Français à pratiquer une activité physique. Des parcours de marche, de course, de cyclisme sont mis en place, ainsi que des centres d'information médicale et sportive. Bien qu'il reste encore beaucoup de travail à accomplir il est réconfortant de voir que les Français deviennent de plus en plus conscients des conséquences que peut avoir leur genre de vie sur leur état de santé.

CALCULEZ VOS RISQUES
AU LIEU DE LES ACCUMULER

Poids normal :

TAILLE	POIDS HOMME	POIDS FEMME
1,50m	50,0kg	50,0kg
1,55m	54,0kg	52,5kg
1,60m	57,5kg	55,0kg
1,65m	61,5kg	57,5kg
1,70m	65,0kg	60,0kg
1,75m	69,0kg	62,5kg
1,80m	72,5kg	65,0kg
1,85m	76,5kg	67,5kg
1,90m	80,0kg	70,0kg
1,95m	84,0kg	72,5kg

Ce test permet d'estimer les risques qui menacent votre cœur, en tenant compte de ceux dont vous n'êtes pas responsables (hérédité, sexe, âge) et de ceux que vous pouvez modifier dès le plus jeune âge – tension artérielle, tabac, alimentation et exercice physique.

N'attendez pas qu'il soit trop tard. C'est maintenant que vous pouvez faire les choix qui conditionneront votre santé.

ATTENTION

Vous fumez : si vous inhalez la fumée, ou si vous fumez chaque cigarette jusqu'au bout, ajoutez 1 au total tabac dans la colonne «Tabac».

Hérédité : ne comptez que les parents, grands-parents, sœurs et frères ayant eu un infarctus ou un accident cérébral, ne comptez pas les parents éloignés.

Tension : ne tenez compte que du premier chiffre (le plus élevé).

sexe	FILLE DE 10 A 20 ANS	GARÇON DE 10 A 20 ANS				
hérédité	AUCUNE HÉRÉDITÉ CARDIAQUE CONNUE	1 PARENT AVEC UNE MALADIE CARDIO-VASCULAIRE A PLUS DE 50 ANS	2 PARENTS AYANT EU UNE MALADIE CARDIO-VASCULAIRE PLUS DE 60 ANS	1 PARENT AYANT EU UNE MALADIE CARDIO-VASCULAIRE A MOINS DE 60 ANS	2 PARENTS AYANT EU UNE MALADIE CARDIO-VASCULAIRE AU-DESSOUS DE 60 ANS	3 PARENTS AYANT EU UNE MALADIE CARDIO-VASCULAIRE AU-DESSOUS DE 60 ANS
tension CHIFFRE MAXIMA	10	12	14	16	18	20 OU PLUS
tabac	NON FUMEUR	CIGARE ET OU PIPE	10 CIGARETTES AU MOINS PAR JOUR	20 CIGARETTES PAR JOUR	30 CIGARETTES PAR JOUR	40 CIGARETTES PAR JOUR ET PLUS
régime MATIÈRES GRASSES	RÉGIME PRATIQUEMENT SANS BEURRE NI HUILE NI OEUFS	RÉGIME DE GRILLADE ET LÉGUMES AVEC PEU D'OEUFS ET MATIÈRES GRASSES	RÉGIME NORMAL AVEC OEUFS MAIS SANS FRITURES NI SAUCES	RÉGIME NORMAL AVEC QUELQUES FRITURES ET SAUCES	RÉGIME RICHE AVEC ASSEZ SOUVENT SAUCES, FRITURES, PATISSERIES, ETC.	RÉGIME GASTRONOMIQUE AVEC ABONDANCE DE SAUCES FRITURES. PATISSERIES
poids	MOINS DE 2,5 KG AU-DESSOUS DU POIDS NORMAL	DE MOINS DE 2,5 KG A PLUS DE 2,5 KG PAR RAPPORT AU POIDS NORMAL	3 A 10 KG AU DESSUS DU POIDS NORMAL	DE 10 A 16 KG AU-DESSUS DU POIDS NORMAL	16 A 25 KG AU-DESSUS DE LA NORMALE	25 A 32 KG AU-DESSUS DE LA NORMALE
exercice	TRAVAIL ACTIF ET EXERCICES INTENSIFS	TRAVAIL ACTIF ET EXERCICES MODÉRÉS	TRAVAIL SÉDENTAIRE ET EXERCICES INTENSIFS	TRAVAIL SÉDENTAIRE ET EXERCICES MODÉRÉS	TRAVAIL SÉDENTAIRE ET PEU D'EXERCICE	MANQUE TOTAL D'EXERCICE

VOS RÉSULTATS:

5 à 15 : vos risques d'infarctus sont faibles

15 à 20 : vos risques sont réels, mais encore peu inquiétants

20 à 25 : vous devez faire attention, vos risques sont assez nets

25 à 30 : vos risques sont grands

32 à 51 : vos risques sont très grands, voyez votre médecin.

PARCOURS DU CŒUR

Sports et traditions

Du divertissement au sport: en empruntant le mot «déport» (signifiant divertissement) au vieux français, les Anglais ont créé le mot sport. Ce sont eux qui ont donné à la plupart des sports leurs règles et leur code moral. Au fil des siècles s'est aini formée une tradition sportive qui se manifeste dans des manifestations très ritualisées. L'aspect social de ces événements sportifs est aussi important que l'aspect sportif.

The boat race

Vers la fin mars, un samedi, a lieu un étrange rituel: sur les bords de la Tamise, glaciale et boueuse, s'assemblent des milliers de personnes. Tout à coup deux canots passent, qui se livrent à une lutte écharnée. Dans un ensemble parfait seize gaillards rament de toutes leurs forces. La course est transmise en direct par la télévision et regardée par des millions de téléspectateurs qui supportent l'un ou l'autre des équipages. Et pourtant ces seize rameurs représentent deux universités où ne sont jamais sans doute allés la plupart des spectateurs. Qu'un tel enjeu – la rivalité de deux universités – puisse soulever un tel enthousiasme populaire constitue pour un Français un phénomène bien étrange.

Royal Ascot

Depuis la première course qui se déroula le 11 août 1711, Ascot est devenu le symbole de la course hippique par excellence et un véritable défilé de mode.

Ascot vu par un visiteur américain, feu David Alexander.

❝ I have long suspected that the British are the last truly civilised people left on earth and this theory was proved beyond all reasonable doubt on Thursday, June 18th ... Rain at Royal Ascot, especially on Gold Cup Day, can do more damage than rain at almost any place else on earth. The entire four days of royal week are a fashion parade for both ladies and gentlemen ...

Elegantly attired ladies and gentlemen sat dripping steadily, like trees in a rain forest. No one complained at all. At two o'clock it was announced that the Royal Procession had been cancelled. One lady said, "All I really care about is the procession, but I'm glad they've cancelled it. ❞ The Queen is subject to colds.

Ce jour-là, la course dut être annulée et David Alexander conclut:

❝ The monument to British patience and muddling through that was afforded by the press of humanity waiting to exit from the narrow gates was incredible for me ... There was no shoving, no pushing, no anger, a great deal of joking. At Waterloo Station in London, the soaked chiffons and wilting toppers queued up in an endless line again for taxis, and no one tried to get ahead or to flag down a cab before his turn. There must be something after all in this business of living in unheated dwellings all winter, eating food that is boiled to the consistency of pablum, using tea and hot water bottles as sovereign remedies for all diseases, and winning battles on the playing field of Eton ... The British simply managed to enjoy the fiasco. ❞

CALENDRIER SOCIAL SPORTIF	
MARS:	Boat race
MAI:	Royal Ascot
JUIN:	Henley Regatta
	Wimbledon
JUILLET:	Test match à Lords

Les traditions se perdent

«The battle of Waterloo was won on the playing fields of Eton» a dit, paraît-il, le duc de Wellington. Mais cette tradition du jeune Anglais, élevé de façon spartiate et rompu aux sports les plus divers et les plus durs, courant chaque matin sous la pluie et la neige, éprouvant un sentiment de fierté et de joie à surmonter un régime quasi-inhumain est-elle encore une réalité dans l'Angleterre d'aujourd'hui?

- Le fait qu'un Prince de la famille royale puisse abandonner une carrière fondée sur un entraînement physique extrêmement poussé dénote un changement d'attitude.
- Dans les écoles d'état surtout, les professeurs d'éducation physique préfèrent de plus en plus les sports moins violents tels que la gymnastique, le tremplin, la danse, le badminton, le volleyball aux sports traditionnels comme le rugby ou le football et les sports individuels occupent de plus en plus de place au détriment des sports d'équipe.
- Dans les journaux et les magazines on ose même mettre en question le bien-fondé des sacro-saintes activités de plein-air.

"Games lessons – remember them? They were all right for the hearty, but for the fatty, the slowcoach, the weak and the self-styled aesthete they were nasty, brutish and long. When introduced to hockey, I may have shown a streak of pugnacity because I was appointed centre forward. I didn't realise the implications at first but soon found out: you are offered as a quivering sacrifice to the massed sticks of the opposing forwards. Summer brought tennis drill, standing in a row and hitting balding balls against the Colditz-style wire netting round the court . . . Some senior girls developed the art of playing tennis without a ball – punctuated with cries of "mine!" and "well left partner". It looked convincing at a distance . . . But tennis, even with a ball, was preferable to rounders which felt like taking part in a coconut shy – as the coconut." (*Isobel Williams*, **Good Housekeeping** *March 1987*)

Il n'est pas étonnant qu'au sortir de l'école peu de Britanniques continuent à faire du sport régulièrement. La pratique régulière d'un sport reste le fait d'une minorité: 26%, bien qu'un plus grand·nombre d'adultes fassent du sport de temps en temps: 50% en plein air. 35% en salle.

Hit parade des sports en Grande-Bretagne

Pour les hommes:	*Pour les femmes:*
1 Marche	1 Marche
2 Billard/snooker	2 Natation
3 Jeu de fléchettes	3 Gymnastique/ Yoga
4 Natation	4 Jeu de fléchettes
5 Football	5 Billard/Snooker
7 Squash, Golf, Pêche	7 Vélo
8 Athlétisme	8 Badminton
9 Badminton	9 Golf, Boules
10 Vélo, Ping-pong	10 Tennis, Equitation

Les grands classiques du sport

Le Tour de France

Chaque année, en juillet, la France 'vit' le Tour de France. Considérée comme l'une des plus grandes courses cyclistes du monde, elle devient le centre d'intérêt de la vie française. Sportifs ou non suivent avec passion le déroulement de chaque étape et discutent des qualités des principaux compétiteurs, et surtout de celui qui porte le *maillot jaune* (le coureur de tête). Tout le long du parcours une foule joyeuse encourage le *peloton* qui souffre héroïquement pendant les 4 000 km que dure la course!

«Le Tour de France offre ce paradoxe d'être une affaire énorme en même temps qu'une affaire banale. Pensez donc, plus de quatre-vingts ans d'existence, une ponctualité à toute épreuve aux vacances de juillet, une richesse de spectacle sans cesse renouvelée. Une ville nomade, une colossale caravane sportive, mais qui nous est tellement chère et familière. Le Tour, c'est comme un grand-père qui vous raconte toujours de merveilleuses histoires, qu'on aime chahuter un peu, et qu'on voudrait ne jamais perdre.» (Jean-Marie Leblanc, *L'Equipe*, 4 juillet 1986).

Le Tour de France, c'est aussi une énorme affaire publicitaire; les maillots des coureurs sont couverts de noms tels que: Banania (Marque de chocolat en poudre), Panasonic, Le Parisien, l'Équipe etc. . Chaque année une caravane commerciale précède d'une heure les coureurs. En 1986, elle comportait 449 véhicules; certes tous n'étaient pas présents à toutes les étapes, mais, en moyenne, il y avait environ 320 voitures sur le parcours de chaque étape, vantant les mérites de produits alimentaires, d'équipement sportif, de banques, d'équipement électro-ménager et autres! C'est grâce à cet aspect commercial que le Tour de France a pu devenir l'important événement sportif qu'il est: le budget du Tour de 1987 est de 7 milliards de francs . . .

74e TOUR DE FRANCE

Du mercredi 1er Juillet au dimanche 26 Juillet 1987

TOUR DE FRANCE

le Parisien
et
L'EQUIPE

Le Tour : un patronage Merlin Plage

Mais tout le monde ne partage
pas l'enthousiasme
qu'éprouvent les
Français pour le Tour de France!

« Le pauvre Major Thompson revenait de vacances lorsque deux gendarmes lui firent signe de s'arrêter. Bientôt le Major s'aperçut que toute circulation était stoppée. Il pensa donc que ce devait être pour laisser passer le Président de la République, lorsque ... un cri jaillit des poitrines: «Les voilà» Ce singulier pluriel me fit un instant supposer que le chef de l'Etat allait apparaître avec mes Très Gracieux Souverains, alors en France. Quelle ne fut donc pas ma surprise de voir surgir, en fait de Gracieuses Majestés, deux individus mâles se dandinant sans grâce sur leur bicyclette, curieusement vêtus de boyaux et de maillots aux couleurs criardes, à peine culottés, pour ainsi dire nus, crottés et, dans l'ensemble, assez choquants à voir. On voulut bien m'expliquer-sans que j'aie rien demandé- que ces gens, faisant le tour de France à bicyclette, gagnaient Paris le plus vite possible par les voies les moins rapides, »
ce qui me parut étrange.
(*Pierre Daninos*)

La pétanque: un jeu, un sport, un art

A B C de la pétanque

"Pétanque, n.f., variante provençale du jeu de boules."

Tout joueur de pétanque, même débutant, et tout spectateur, surtout s'ils viennent du "nord", doivent savoir au moins quelques mots propres à ce jeu, ce sport, cet art. La plupart appartiennent au langage courant.

A Un **Art**. Née à La Ciotat, Bouches-du-Rhône, vers 1910, la pétanque tient son nom du provençal *pèd tanco*. D'où "pieds tanqués": pieds joints, fixés au sol. L'attitude du joueur de pétanque souple et décontracté, les yeux tournés vers la cible, la main lançant la boule, paume tournée vers le sol, doigts accolés, n'est pas indigne d'une comparaison avec la statuaire antique.

B **Boule** n.f. Selon le sacro-saint Règlement, une boule doit être en acier, chromé ou non, avoir un diamètre de 7,05 à 8 cm et un poids de 620 à 800 g. Certains joueurs astucieux se servent de boules non chromées : elles s'oxydent petit à petit et la rouille, en les rendant plus rugueuses, leur donne plus d'adhérence au sol (voir Balai-Balayer). Ces boules doivent être creuses. Il est arrivé que certains joueurs malins les bourrent de matière pour éviter les rebonds imprévisibles, un peu comme on "farcit" des tomates, "à la provençale".
La France est le seul pays au monde qui fabrique ces boules.
Balai n.m. balayer v. La pétanque se jouant sur "tous terrains" (à une distance comprise entre 6 m et 10 m), le sol peut ne pas être égal : "Balayer" c'est enlever avec les pieds les obstacles qui gènent : quelques-uns y mettent aussi les mains : deux actions interdites par le Règlement.
Bouchon n.m. C'est ainsi qu'on appelle le cochonnet (voir ce mot) au-dessous d'une ligne allant de Bordeaux à Grenoble. Au-dessus de cette ligne on dit but.

C **Cochonnet** n.m. Boule en bois (diamètre 25 à 35 mm) lancée d'un cercle de 30 à 35 cm de diamètre, tracé sur le sol par le joueur et appelé le rond. Celui-ci peut ou bien pointer, c'est-à-dire lancer une de ses deux boules (ou les deux) pour la placer le plus près possible du cochonnet, ou bien tirer, c'est-à-dire déloger une boule adverse bien placée ou encore le conchonnet lui-même, s'il juge que son équipe y a avantage.
Carreau n.m. Une boule bien tirée qui vient exactement remplacer sa cible fait un carreau. Le tireur émérite, appelé canonnier ou bombardier, est applaudi par la galerie.

"One hundred and eighty!"

Un soir, James décide de faire découvrir à François le jeu de *darts*. Il l'emmène dans un pub où a lieu une compétition. Au fil des chopes de bière la tension monte. François, fasciné, observe:

François:	Quelle ambiance! Dis-moi, c'est populaire, comme sport?
James:	Oui, très . . il paraît que plus de 5 millions de personnes y jouent régulièrement.
François:	Et le pub est l'endroit habituel où on peut y jouer?
James:	Oui, à l'origine les travailleurs y jouaient, le soir, après une dure journée de travail, tout en buvant de la bière.
François:	Ça n'a pas beaucoup changé!
James:	Non, c'est vrai; mais c'est devenu un jeu national grâce à la télévision.
François:	Tu penses que c'est un bien ou un mal?
James:	C'est difficile à dire; bien sûr pour les meilleurs joueurs c'est un bien; ils peuvent gagner de l'argent et ils deviennent de vraies 'stars', mais, d'un autre côté, le jeu a perdu un peu de son aspect bon enfant, sympathique. C'est devenu sérieux.
François:	Est-ce que c'est ancien comme jeu?
James:	Je n'en suis pas bien sûr; si tu veux on pourra se renseigner à la bibliothèque.
François:	Oui, je veux bien.

The story of darts has been one of the great sporting successes in the last decade – largely thanks to television. It has grown from a working class pastime in British pubs to an international sport with a TV audience of millions. The cry 'one hundred and eighty', has become a catch phrase.

The game's first mention dates back to the Middle Ages in England. Soldiers played the game, it it believed, not only to pass the time during long campaigns, but to keep their eyesight in trim. Crude "darts" are said to have been used by the Pilgrim Fathers on board the *Mayflower* as they sailed to the New World in 1620, but the roots of modern darts are in the 19th century. The Industrial Revolution and development of the working classes in factories throughout Britain furthered the cause of darts. The World Wars of 1914–18 and 1939–45 quickened the pace of the game's development, because of its popularity among servicemen in their off-duty hours. The link between the game and the English public house is another product of the association between darts and the working class. The public houses were frequented mostly by the workers and the game caught on as a lively aspect of pub life. The game developed rapidly between 1976 and 1978, when it won recognition by television. The faith of the television companies has been rewarded by the viewing figures: for the 1983 world final between Deller and Bristow the peak figure was 7. 8m." (*Darts*, Peter Bills)

Des *runs* et des *innings*: Le cricket vu par un Français

« Un champ de gazon vert, ras et lustré comme du velours; une vingtaine de silhouettes en flanelles blanches immaculées; de longues pauses; de brefs tumultes; le temps qui passe lentement, pendant des journées entières, dans la lumière mouvante de l'été anglais. Le cricket est d'abord un exercice contemplatif.

Des oiseaux picorent l'herbe grasse autour des joueurs. On n'entend d'autre bruit que le *flop* de la balle contre la batte, et, parfois, un haut cri qui fait s'envoler les oiseaux, aussitôt de retour. La plupart des joueurs sont immobiles ou paraissent musarder au soleil. Soudain la tension monte; l'un d'eux fait d'amples gestes; un autre se met à courir; puis la tension retombe et le calme revient. Les couleurs, les gestes, le rythme du jeu et ses infimes déplacements au centre d'un espace largement ouvert dégagent une harmonie subtile qui inspire une profonde sérénité. Une profonde satisfaction aussi, car il n'y a pas d'autre sport qui mette ainsi à l'épreuve, sans la moindre apparence de brutalité, l'énergie et l'habileté individuelles en même temps que l'esprit d'équipe. Les Anglais en ont fait leur sport national et la marque de leur civilisation. Ils l'ont répandu à travers l'Empire dont il reste un des plus solides liens. Mais pas au-delà. Un étranger n'est jamais sûr de le comprendre; il peut même être certain du contraire. Les règles du cricket ne sont pourtant pas incompréhensibles ... d'innombrables variantes et

subtilités enrichissent le jeu presque à l'infini. Il faut avoir une bonne centaine d'années de culture anglaise derrière soi pour pouvoir toutes les apprécier ...

'C'est de la poésie en mouvement, homme!' s'écria un jour un Jamaïquain enthousiaste. La poésie de la verte Angleterre.

De la vieille Angleterre aussi. «L'une des gloires du jeu est qu'il refuse de flatter bassement le goût contemporain pour les excitations superficielles. Ses drames sont prolongés et d'autant plus mémorables», écrivit un vieil amateur.

Eton contre Harrow, les Lords contre les Communes, les parlementaires contre les juristes, les hussards contre les dragons, le diocèse de Bath and Wells contre celui de Monmouth, les fermiers contre les mineurs, tout le monde pratique le cricket non plus comme un jeu mais comme une manière d'être, pour affirmer à la fois son identité et sa fidélité à la communauté. De jeu, le cricket devient ainsi un langage d'initiés, chargé d'une force mystique. L'exemple le plus célèbre est celui du maréchal Montgoméry galvanisant ses troupes à la veille de la bataille d'El Alamein en affirmant simplement dans son ordre du jour: «*We will hit them for six*», maximum qu'un *batsman* puisse obtenir d'un coup. **»**

(*L'Angleterre un monde à l'envers*, Paul-Michel Villa 1967)

*L*es loisirs

Le petit dernier de la famille

Selon une enquête publiée par IBA (*Behind and in front of the Screen: Television's involvement with Family Life*, published jointly by the IBA and John Libbey), le petit écran fait désormais partie de la famille et ce n'est pas un mal. La télévision nous offre de multiples sujets de conversation; elle se fait l'avocat de la vie en famille; elle encourage les téléspectateurs à être satisfaits de leur sort. Elle provoque toutes sortes de réactions: elle est souvent l'objet de discussions animées. Bref, c'est un membre de la famille à part entière qui exaspère et séduit à la fois. Il paraît que lorsque le poste de télé rend l'âme, la famille prend le deuil et que, s'il 'tombe malade', la ménagère ou la mère de famille est à ses petits soins, l'époussetant et le faisant briller avec tendresse dans l'espoir de hâter sa 'guérison'!

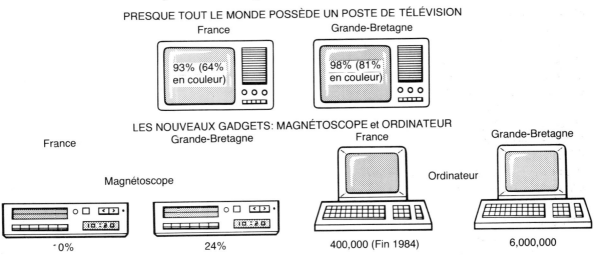

PRESQUE TOUT LE MONDE POSSÈDE UN POSTE DE TÉLÉVISION

France — 93% (64% en couleur)

Grande-Bretagne — 98% (81% en couleur)

LES NOUVEAUX GADGETS: MAGNÉTOSCOPE et ORDINATEUR

Magnétoscope

France — 10%

Grande-Bretagne — 24%

Ordinateur

France — 400,000 (Fin 1984)

Grande-Bretagne — 6,000,000

Les Français consacrent presque autant de temps à la radio qu'à la télévision, mais à des heures différentes: ils écoutent la radio surtout le matin, dans la salle de bains, dans l'auto, en faisant le ménage . . .

Les Britanniques regardent plus la télévision, surtout en hiver quand ils ne peuvent pas s'occuper dans le jardin; ils écoutent de moins en moins la radio.

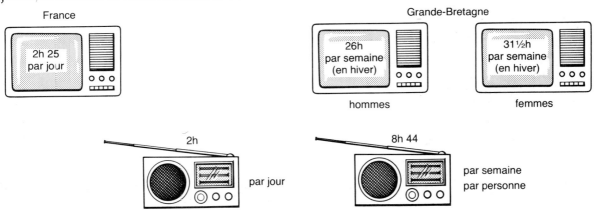

France — 2h 25 par jour

Grande-Bretagne — 26h par semaine (en hiver) hommes — 31½h par semaine (en hiver) femmes

2h par jour

8h 44 par semaine par personne

Une télévision déchaînée

Jusqu'en avril 1987 la télévision française se composait de trois chaînes publiques – TF1, A2, FR3 – et de trois privées – Canal +, La Cinq et La Six. Les trois chaînes publiques étaient financées par la redevance payée par les téléspectateurs et par les revenus de la publicité. Après de vifs débats politiques le gouvernement de Monsieur Chirac décida de privatiser non pas Fr3, la plus faible des trois et dont l'audience oscillait aux alentours de 29%, ni A2, mais TF1 la plus ancienne chaîne et qui après bon nombre de problèmes, retrouvait sa première place dans le choix des téléspectateurs.

Afin d'accomplir cette privatisation une commission fut créée en 1985, le CNCL (Commission Nationale de la Communication et des Libertés) en principe indépendante du gouvernement, bien que la plupart des Français la considèrent, à tort ou à raison, pro-gouvernementale.

Quelle est la situation à l'heure actuelle? Contrairement aux chaînes britanniques qui s'adressent à différentes sections de la population et dont les programmes ont tendance à se compléter plutôt qu'a se concurrencer, quatre des chaînes françaises s'adressent à la même audience, proposent les mêmes genres de programmes. M. Bouygues, maintenant à la tête de TF1, le reconnaît lui-même: « What is certain, is that there is no room for five general networks. There are going to be deaths. FR3 will be the first one to disappear. And, in the end, Antenne 2 is in great danger. »

Après des décennies d'intense contrôle gouvernemental sous De Gaulles et ses successeurs, la télévision française risque maintenant de succomber à l'anarchie et aux demandes du marché.

"What France is putting its television system through might be called a revolution. It might be called an experiment. It seems to me more accurate to call it a massive gamble. In two nail-biting months, the crucial bets have now been laid, the wheel is spinning – and the authorities who set it all in motion are now looking on with the dispassionate gaze of the croupier to observe who will clean up, who will go broke. Everyone thinks someone might lose a lot. And in this game, the croupiers cannot be sure that even the house – whether that is seen as the government or the public – will win. (Peter Fiddick, **The Guardian**, April 27 1987)

Les problèmes auxquels les chaînes de télévision ont à faire face sont non seulement d'ordre économique, ils sont aussi d'ordre qualitatif et politique.

Qui sera responsable du contrôle de la qualité des programmes? Dans quelle mesure la Cncl aura-t-elle le pouvoir d'assurer ce contrôle? La libre concurrence ne risque-t-elle pas d'entraîner un appauvrissement des programmes?

La publicité politique à la télévision vient d'être autorisée, quelles en seront les conséquences?

TF1	LA 5
A2	M6
FR3	C+

La télévision, un service public indépendant?

La télévision en Grande-Bretagne jouit d'un prestige et d'une réputation probablement sans égal dans le monde. Elle demeure un des derniers bastions de la grandeur britannique . . Cette réputation repose essentiellement sur la qualité des programmes et sur son indépendance vis-à-vis des groupes d'intérêt sociaux, économiques et politiques.

Dès sa création, la BBC fut établie sur des principes très strictes: « *The BBC should be both a public institution and an independent institution, as free as possible from interference both by business and by government.* »

Indépendance financière: elle est financée par la redevance que paient les téléspectateurs. Indépendance politique: bien que le gouvernement ait un droit de véto et bien qu'elle soit responsable devant le Parlement, la BBC jouit d'une très grande liberté due à une tradition fermement établie, à une opinion publique très sensibilisée et à l'existence de gouverneurs. Le conseil des gouverneurs: au nombre de douze ils jouent un rôle fondamentalement important: ce sont eux qui décident en dernier lieu de tout ce qui concerne la gestion de la BBC, des programmes portant sur des sujets délicats qui pourraient émouvoir le public – politiques, religieux ou culturels. Ils représentent la BBC auprès du gouvernement et auprès du public. En tant que gardiens de l'audio-visuel ils le défendent contre les critiques et les pressions; en tant que critiques ils décident si certains programmes doivent être modifiés ou même supprimés. Ils servent donc de «tampons» entre l'audio-visuel, le public en général et le gouvernement. Les faiblesses de ce système:

- l'indépendance de la BBC repose essentiellement sur la bonne volonté du gouvernement; en effet, celui-ci a, en théorie, le droit de contrôler l'audio-visuel s'il le désire.
- elle repose aussi sur l'indépendance et la qualité des gouverneurs.

Créée en 1954, IBA (Independent Broadcasting Authority) comprend maintenant deux chaînes de télévision (ITV, Channel 4). Comme la BBC, IBA est composée de gouverneurs, nommés pour cinq ans par le ministre de l'Intérieur (*Home Secretary*). Par la loi IBA est obligée d'offrir un service public d'information, d'éducation et de divertissement à un niveau de qualité très élevé. Les programmes sont produits par des compagnies privées aux revenus assurés par la publicité; IBA, qui est légalement responsable de la qualité et de la variété des programmes ne les produit pas. Ainsi est assurée l'indépendance financière et éditoriale des chaînes privées de télévision. Pour qu'elle arrive à sauvegarder cette précieuse réputation d'indépendance, la télévision britannique devra savoir résister aux pressions accrues de différents groupes d'intérêt: politiques, syndicaux, ethniques, religieux etc., et surtout à l'arrivée de la télévision par câble et par satellite.

Les programmes

La télévision française est couramment accusée de dépendre trop du cinéma et de passer beaucoup trop de films le soir; la qualité de ses programmes est aussi souvent mise en question. En revanche la télévision britannique est considérée comme la meilleure – ou la moins mauvaise – au monde.

L'étude des programmes portant sur une seule journée, le mardi 24 Mars 1987, sur les trois chaînes les plus importantes de France et de Grande-Bretagne permet de discerner quelques différences concernant:

- les horaires des programmes destinés aux jeunes.
- la télévision et l'école.
- les grandes heures d'écoute.
- la relation entre les différentes chaînes (coopération ou compétition)

TFI	A2	FR3
9.10 LE CHEMIN DES ÉCOLIERS pour enfants de 7 à 9 ans 9.30 ÉMISSIONS POUR ADULTES	10.20 LES IMMÉMORIAUX film sur la décadence des Maoris 11.30 LES CARNET DE L'AVENTURE traversée du Népal sur la rivière Sun Kaosi en kayak 11.50 MÉTÉO 12.00 ÉMISSIONS ADULTES	 12.20 ÉMISSIONS RÉGIONALES
13.00 LE JOURNAL DE LA UNE et les cours de la bourse	13.00 Le journal A2 Midi	
13.50 programmes adultes (feuilletons, entretiens avec des invités	ÉMISSIONS ADULTES (feuilletons, entretiens) . .	
17.30 à 18.45 EMISSIONS JEUNES	17.35 à 18.30 RECRE A2 émission pour jeunes	17.25 à 19.00 ÉMISSIONS JEUNES
	18.30 C'EST LA VIE les abus et les pièges dans le commerce.	
	18.50 DES CHIFFRES ET DES LETTRES	
19.10 SANTA BARBARA feuilleton américain	19.15 ACTUALITÉS REGIONALES	19.15 ACTUALITÉS RÉGIONALES
19.40 COCORICOCOBOY	19.40 LE NOUVEAU THEATRE DE BOUVARD	20.05 LA CLASSE
20.00 LE JOURNAL DE LA UNE	20.00 JOURNAL	20.35 FILM ITALIEN CINQ HOMMES ARMÉS ●
20.35 DALLAS ●	20.30 Film LE LAURÉAT ●	
21.25 BOUQUINS AU CŒUR ● une soirée consacrée au rayonnement de la langue française dans le monde, portraits d'écrivains français célèbres, chansons, entretiens avec des invités.		22.25 SOIR 3 22.50 ÉMISSIONS RÉGIONALES
22.40 CHAPEAU MELON ET BOTTES DE CUIR série britannique	22.25 JEUX de connaissance portant sur le cinéma	23.50 FIN DES ÉMISSIONS
23.35 UNE DERNIÈRE	23.35 ÉDITION DE LA NUIT (informations)	

● **peak viewing time: 20.30–22.30**

Programmes sur les trois chaînes: ITV, BBC1, BBC2

ITV	BBC 1	BBC2
9.30 SCHOOLS	10.25 CHILDREN'S BBC	9.52 to 2.15 DAYTIME ON TWO School programmes
12.00 TICKLE ON THE TUM Superhamster	10.30 PLAY SCHOOL	
12.10 RAINBOW	10.50 PADDINGTON	2.20 YOU AND ME
12.30 GETTING ON	ADULT PROGRAMMES	
1.00 NEWS AT ONE	1.00 ONE O'CLOCK NEWS	
ADULT PROGRAMMES	1.50 GRAN	
	2.50 WORLD BOWLS	
4.00 to 5.12 CHILDREN'S ITV	3.50 CHILDREN'S BBC	3.30 WORLD BOWLS
5.45 NEWS		
6.35 CROSSROADS ●	6.00 SIX 'CLOCK NEWS ●	6.0 THE CITADEL ●
7.00 EMMERDALE FARM ●	7.00 HOLIDAY 87 ●	6.50 ART AT THE ACADEMY British art in the 20th Century ●
7.30 BUSMAN'S HOLIDAY ●	7.30 EASTENDERS ●	7.45 ONE MAN AND HIS DOG ●
8.00 HOOKER ●	8.00 SORRY ●	
9.00 BOON ●	8.30 DEAR JOHN ●	8.30 MEDITERRANEAN COOKERY ●
10.00 NEWS AT TEN ●	9.0 NINE O'CLOCK NEWS ●	9.0 FILM MIDDLE AGE CRAZY ●
10.30 EARTH: What might a visitor from Outer Space think of life on Earth?	9.30 TUTTI FRUTTI ●	10.30 NEWSNIGHT
11.30 POLICE PRECINCT	10.30 NETWORK ●	11.20 WORLD BOWLS
12.30 COMPANY	11.20 FILM 87	11.50 to 12.20 OPEN UNIVERSITY
	11.50 WEATHER	
CLOSEDOWN		

.... **Children's programmes**

● **peak viewing time: 6pm–10.30pm**

☐ **News**

Au *programme ce soir*

Le mardi 24 mars 1987, à 20h30, sur leurs six chaînes les Français ont eu le choix entre quatre films, un match de football et le feuilleton Dallas.

20.30	20.25 LOTO SPORTIF 20.35 **DALLAS** Feuilleton *LE PRIX* 21.25 **BOUQUINS AU CŒUR**	20.30 **MARDI CINÉMA** **LE LAURÉAT** Film de Mike Nichols avec Dustin Hoffman et Anne Bancroft	20.30 **D'ACCORD PAS D'ACCORD** 20.35 **CINQ HOMMES ARMÉS** Film de Don Taylor avec Peter Graves	20.30 **LES GUERRIERS DE LA NUIT** Film de Walter Hill avec Mickael Beck, James Remar et Thomas Waites	20.30 **LES BIDASSES EN FOLIE** Film de Claude Zidi avec Les Charlots et Jacques Dufilho	20.30 **FOOTBALL** *CHAMPIONNAT DE FRANCE* Auxerre/Metz
00.00	22.40 CHAPEAU MELON	MARDI	22.25 SOIR 3	22.50 L'INSPECTEUR	22.05 BRIGADE DE NUIT	22.25 FLASH-INFOS

S'ils choisissent de regarder un film, ils peuvent trouver tous les renseignements concernant chaque film dans leur journal de télévision.

24 MARS **2** A **MARDI**

« MARDI-CINÉMA », PROPOSÉ PAR PIERRE TCHERNIA ET JACQUES ROULAND

20.30 **LE LAURÉAT**
777

UN FILM AMÉRICAIN DE MIKE NICHOLS (1967) - DURÉE : 1 h 45

Ben Braddock	**Dustin Hoffman**	TITRE ORIGINAL : « THE GRADUATE »	Carl Smith	**Brian Avery**
Mme Robinson	**Anne Bancroft**	SCÉNARIO DE CALDER WILLIN- GHAM ET BUCK HENRY, D'APRÈS	M. Maguire	**Walter Brooke**
Elaine Robinson	**Katharine Ross**	LE ROMAN DE CHARLES WEBB	M. McCleery	**Norman Fell**
M. Braddock	**William Daniels**	IMAGES DE ROBERT SURTEES MUSIQUE DE DAVID GRUSIN	Mme Singleman	**Alice Chostley**
Mme Braddock	**Elizabeth Wilson**	*Diffusé en 1984*	L'employé	**Buck Henry**
M. Robinson	**Murray Hamilton**		Miss de Witt	**Marion Lorne**

Ben Braddock (Dustin Hoffman) et Elaine Robinson (Anne Bancroft) : « Hey, Mrs Robinson ! »
Pour les malentendants munis d'un décodeur, sous-titrage apparent

LE SUJET
Vers 1967, en Californie. L'éducation sentimentale d'un jeune étudiant qui vient de passer ses examens.

SI VOUS AVEZ MANQUÉ LE DÉBUT
Ses études universitaires brillamment achevées, Ben Braddock, 21 ans, regagne par avion Los Angeles où ses parents ont organisé une fastueuse réception en son honneur. Ben est le point de mire de tous les invités. M. Maguire

lui conseille de s'orienter vers les matières plastiques, branche d'avenir. Mme Robinson cherche tous les prétextes pour rester seule avec lui. Son mari n'étant pas en mesure de le reconduire,

— *NOTE CRITIQUE* —
Comédie. Une formidable satire sur les mœurs américaines des années 60. A ne pas manquer, pour Dustin Hoffman, Anne Bancroft et, bien sûr, la musique de Simon et Garfunkel.

Mme Robinson insiste pour que Ben la ramène chez elle. D'abord réticent, le jeune homme, intimidé, finit par accepter. Parvenue à destination, Mme Robinson le retient en lui offrant un verre et puis, dans le plus simple appareil, l'attire dans sa chambre. Là, elle cherche à le séduire lorsque le mari arrive, inopinément. Ben en profite pour s'enfuir...
Cote Télé 7 Jours et appréciation Office catholique :
pour adultes

22.25 LES JEUX
PROPOSÉS PAR PIERRE TCHERNIA ET JACQUES ROULAND AVEC LA COLLABORATION DE JEAN-CLAUDE ROMER
RÉALISATION DE NINO MONTI

Des jeux, qui ont pour thème le cinéma mettent face à face deux équipes de comédiens et comédiennes.
Aujourd'hui, Richard Bohringer,

Bernard Fresson, Christine Pascal, Suzy Delair.
Leurs réponses permettent au public et à un candidat sélectionné de gagner des places de

cinéma. Nous retrouvons les séquences de « La Caméra cachée » avec **Jacques Legras**, et des extraits de films nouveaux nous sont présentés.

23.25 ÉDITION DE LA NUIT

"For tonight's viewpoint"

S'ils désiraient regarder un film, ce soir-là, les Britanniques avaient le choix entre: Middle Age Crazy sur BBC2 et Sins of the Father sur Channel 4. Pour faire leur choix les téléspectateurs pouvaient lire, dans leurs journaux de télévision, les résumés et les critiques de ces films.

9.0 Middle Age Crazy

F I L M

continues a season of films new to television. Tonight starring **Bruce Dern Ann-Margret**
At 40, Bobby Burnett seems to have everything . . . so what's the problem? It's that little problem of 'middle age crazy', when Bobby feels that life is passing him by.
Out goes the conventional car, the three-piece suits and the wife! In comes a Porsche, cowboy boots and a Dallas Cowboys cheerleader . . . and that's when trouble really begins in this witty and acerbic comedy..

Bobby Lee Burnett ..BRUCE DERN
Sue Ann Burnett
                    ANN-MARGRET
J.D.................GRAHAM JARVIS
Tommy............ERIC CHRISTMAS
Ruth ....HELEN HUGHES
Greg ....GEOFFREY BOWES
Screenplay by KARL KLEINSCHMITT
Produced by
ROBERT COOPER and RONALD COHEN
Directed by JOHN TRENT
(First showing on British television)
● FILMS: *page 27*

10.30

---

s
lo
und
he
..nown
..e Man
..o Lived Again.   1936

Sins of the Father

C4, 9.00pm–10.50pm
The Graduate gets a sex change! Instead of a young man getting involved with both mother and daughter, it's graduate lawyer Glynnis O'Connor getting bedded by both the father (James Coburn) and the son (Ted Wass). The story is played straight rather than as comedy but the three work through the emotional drama and its complications well enough to hold the interest to the end. Ted Wass is best known to viewers as the dim lawman of TV's *Soap* and the similarly incompetent copper in

---

9.00 Sins of the Father

JAMES COBURN

FILM Beautiful aspiring lawyer Kevan Harris joins the corporate law firm headed by Frank Murchison her late father's former partner. Despite his reputation as a womaniser and the fact that he had once cheated her father, Kevan is swept off her feet by him. But then she meets Murchison's estranged son Greg, an idealistic young marine biologist, and they, too, become emotionally involved . . .

See page 33

Frank	James Coburn
Greg	Ted Wass
Kevan	Glynnis O'Connor
Caroline	Marion Ross
Megan	Joan Prather
Charles	John O'Leary
Stavros	Nico Stevens
Clerk	Kathleen Lloyd
Mr Rutledge	Pepper Davis

TELEPLAY ELIZABETH GILL,
JEFF COHN
DIRECTOR PETER WERNER

A qui s'adressent ces films?

Cote Télé 7 Jours et Office catholique : pour adultes

Cote Télé 7 Jours : pour adultes et adolescents

Office catholique : non répertorié

Cote Télé 7 Jours et Office Catholique : pour adultes et adolescents

Cote Télé 7 Jours et appréciation Office catholique : pour tous

BBC policy is not to broadcast programmes which it believes to be unsuitable for children before 9.0 pm.
After that time parents can be expected to share responsibility for what children are allowed to see. Some programmes after 9.0 pm may be appropriate for an adult audience only.

IBA Family Viewing Policy

To help parents decide what children should see, information is provided in *TVTimes* and in on-screen announcements.
Up to 9.00pm, ITV and Channel Four seek to provide programmes suitable for viewing by all the family.
After 9.00pm, a full range of programmes appropriate for television is shown.

Est-ce que la télé fabrique des cancres?

« *La télévision vit dans les stéréotypes. Son effet est dévastateur pour le développement de l'intelligence* »

LES ADULTES ACCUSENT:

A gauche, le petit écran, les vidéoclips, les feuilletons américains, les journaux télévisés … une avalanche d'images et de sons, subis ou choisis, qui accaparent chaque jour l'attention de millions de jeunes. A droite, le tableau noir, les copies blanches, les interrogations écrites, la grammaire et l'orthographe, les copains et les profs … un rythme de vie quotidien, réglé par la sonnerie des récréations … Dans chaque foyer, dans chaque cervelle, la télévision et l'école se disputent la première place.

LES JEUNES REGARDENT TROP LA TÉLÉ ET SE COUCHENT TROP TARD.

Ils passent plus de temps devant le petit écran (1 450 heures par an) que sur les bancs du lycée (900 heures). La télé est devenue le nouveau maître d'école. Non seulement les jeunes Français regardent la télévision plus de 1 450 heures par an, mais de surcroît ils sont, de tous les Européens, ceux qui se couchent le plus tard … Premier problème donc: la fatigue. On constate, dans les classes, un appauvrissement croissant du vocabulaire. La télévision en est indirectement responsable dans la mesure où elle restreint le temps consacré à la lecture. Or, le vocabulaire s'acquiert principalement par la lecture.

«*On a l'impression, en faisant les cours, que les élèves se croient devant la télévision, et non devant un professeur. Ils assistent, passifs, à un one-man-show, tout en continuant à bavarder entre eux,*» se plaint Robert Lanoë, professeur au collège Mozart d'Athis-Mons.

«*J'ai l'impression d'être sur une autre planète: ils ne comprennent rien à ce que je raconte*» se désespère Jeanne, professeur d'anglais à Lyon.

LES JEUNES RÉPONDENT:

«L'école nous apprend des matières mortes et la télévision nous montre le monde qui nous entoure»: c'est le jugement sans appel que laissent tomber les jeunes.

D'où tirez-vous surtout vos connaissances ?

de l'école	de la télévision	des journaux	de vos parents	des copains	de vous-même	sans réponse
66 %	5,9 %	4,9 %	3,4 %	0,7 %	18,1 %	1 %

Qu'est-ce qui a le plus d'influence sur vous ?

l'école	la télévision	les journaux	l'avis de vos parents	l'avis des copains	sans réponse
21,3 %	12,2 %	10,4 %	38,2 %	16,8 %	1,1 %

Quel moyen vous paraît le plus approprié pour atteindre les objectifs suivants ?

	les discussions avec vos parents	la télévision	l'école	sans réponse
Etre quelqu'un de cultivé	16,9 %	6 %	74 %	31 %
Etre informé sur les métiers d'avenir	16,2 %	39,7 %	42,2 %	1,9 %
Mieux connaître le monde qui vous entoure	15,2 %	74,9 %	7,8 %	2,1 %
Connaître vos droits et vos devoirs de citoyen	47,3 %	19,2 %	30,4 %	3,1 %
Forger votre jugement	61,7 %	12,5 %	21 %	4,8 %

Parlant d'un même sujet, qui est le plus crédible à votre avis ?

vos professeurs	les journalistes	sans réponse
63,5 %	32,3 %	4,2 %

Vos professeurs vous conseillent-ils des émissions de télévision ?

oui	non	sans réponse
90,1 %	9,6 %	0,3 %

Avez-vous l'impression d'améliorer votre culture en regardant la télévision ?

oui	non	sans réponse
84,6 %	13,7 %	1,7 %

Regardez-vous les journaux télévisés ?

très régulièrement	assez souvent	rarement	jamais	sans réponse
35,9 %	46,6 %	16,2 %	0,7 %	0,6 %

L'école pour vous, c'est...		La télévision pour vous, c'est...
moderne	52,3 %	90,9 %
en retard	43,5 %	6,7 %
sans réponse	4,1 %	2,3 %
sérieux	80,6 %	31,6 %
superficiel	16,8 %	69,1 %
sans réponse	2,6 %	4,3 %
intéressant	78,8 %	85,7 %
ennuyeux	19 %	11,3 %
sans réponse	2,2 %	3 %
facile	30,4 %	90,1 %
difficile	65,5 %	6,5 %
sans réponse	4,1 %	3,4 %

* Le total n'équivaut pas à 100 %, les élèves interrogés pouvant donner plusieurs réponses. Seules les dix principales ont été retenues.

JACQUES FAIZANT

UN MOIS! UN MOIS CONFIÉ À LA VOISINE QUI SENT L'AIL ET LE POIREAU! LE BAGNE!

TU VEUX UN CÂLIN, TU MONTES SUR SES GENOUX EN RONRONNANT, ET C'EST...

FOUS-MOI LA PAIX! TU VOIS BIEN QUE JE REGARDE DALLAS, COLUMBO, TOM ET JERRY...

FOUS-MOI LA PAIX! TU VOIS BIEN QUE JE REGARDE MAIGRET, STARSKY ET HUTCH, CÉLÉBRITY...

FOUS-MOI LA PAIX! TU VOIS BIEN QUE JE REGARDE STAR TREK, LOU GRANT, POUR L'AMOUR DU RISQUE!

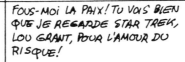

ENFIN, "ILS" RENTRENT! FAUT PAS CROIRE QUE SUR LE PLAN "CÂLINS" AU NIVEAU DU VÉCU ÇA VA S'AMÉLIORER! C'EST...

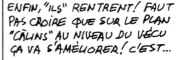

FOUS-MOI LA PAIX! TU VOIS BIEN QUE JE REGARDE L'HEURE DE VÉRITÉ!

FOUS-MOI LA PAIX! TU VOIS BIEN QUE JE REGARDE LES INFORMATIONS

FOUS-MOI LA PAIX! TU VOIS BIEN QUE JE REGARDE CHIRAC, MITTERRAND, BARRE, ROCARD, LÉOTARD, MARCHAIS...

ET ENCORE, JE VOUS DIS RIEN DU TOURNOI DES CINQ NATIONS!

LA TÉLÉ, C'EST PAS SEULEMENT LA MORT DE LA CONVERSATION...

C'EST LA MORT DU "CÂLIN"!

D'AILLEURS...

MA MAÎTRESSE DIT COMME MOI!

Branchés ou non branchés?

Les Britanniques écoutent de moins en moins la radio

BBC National Radio				
	1	2	3	4
1976	3hrs 09	2hrs 18	0hr 11mins	1hr 17
1984	2hrs 38	1hr 44	0hr 10mins	1hr 03

BBC local Radio		Independent Local Radio	
1976	0hr 35mins	1hr 14mins	} per
1984	0hr 46	1hr 59mins	week

Depuis 1967, date à laquelle BBC a été autorisée à mettre en place sa première station de radio locale BBC Radio et ILR (Independent Local Radio) essaient d'arrêter le déclin de la radio d'une part en offrant un service plus varié et d'autre part en créant de plus en plus de stations locales. Outre ses quatre radios nationales, de style très différent, BBC possède une trentaine de stations locales et ILR en a quarante-sept.

Il reste à voir si la Grande-Bretagne suivra l'exemple de la France, qui depuis 1981 a assisté à une véritable explosion radiophonique.

Les Français sont restés fidèles à la radio

Ce qu'ils apprécient le plus, ce sont des émissions «faciles», un mélange de musique, d'informations courtes, et de jeux: une formule appelée «soupe radiophonique». Ajoutons à cette recette un ton décontracté, des programmes spécialisés et nous obtenons la formule type des radios libres.

Plus de 1 000 stations!

Devenues légales en 1981, les radios locales privées, ou radios libres, connaissent un succès croissant. Avec plus de 9 millions d'auditeurs elles représentent 20% de l'audience de toutes les radios.

Après une véritable explosion des ondes, 1981–1984, la situation commence à se clarifier: au premier rang arrivent les radios professionnelles telles que NRJ dans la région parisienne, Radio-Scoop à Lyon, Radio-Star à Marseilles, puis, dans chaque ville on trouve deux ou trois grandes stations suivies par une quantité de petites. Cette indépendance et cette liberté sont déjà compromises par trois facteurs:

- La création de réseaux qui offrent à plusieurs stations des programmes communs. NRJ a, par exemple, créé un réseau important de stations à travers toute la France.
- L'existence de sociétés de prestations radiophoniques; elles proposent aux petites radios qui n'ont pas les moyens de le faire elles-mêmes, des programmes de tout genre (reportages, commentaires, jeux, variétés..).
- Le contrôle de petites radios locales par de grands groupes de Presse ou par les grandes radios périphériques comme Europe 1.

La bataille des radios fait rage sur les ondes et dans la presse

Face à la menace grandissante des radios libres, les quatre «grandes» radios nationales et périphériques se livrent une lutte sans merci.

Radio-france la seule radio nationale; elle comprend France Musique qui diffuse surtout de la musique classique, France Culture aux émissions variées et d'un bon niveau culturel et intellectuel, et France Inter à caractère plus populaire.

Trois radios commerciales: R T L, Europe 1, R M C.

Vive le grand écran

Depuis les années 60, le cinéma français se bat pour sa survie contre la menace que représente la télévision. Les grandes salles ont fait place à de nombreuses petites salles, plus confortables, souvent réunies en un *complexe multi-salles*, où différents films sont projetés simultanément. Producteurs et promoteurs font de gros efforts pour encourager les Français à aller au cinéma.

Puisque les Français aiment regarder des films à la télévision, les cinéastes font de plus en plus appel à cette dernière pour les aider à financer leurs films.

Cinéma et télévision: un mariage d'intérêt

C'est ce que prouve la dernière expérience tentée par Eric Rohmer. Ce dernier a, en effet, vendu la diffusion exclusive de son film, le *Rayon Vert*, trois jours avant sa sortie cinéma, à la chaîne de télévision Canal +. Ainsi, avant même sa sortie en salle, le coût du *Rayon Vert* est déjà couvert à 70%. Une bonne opération financière mais Rohmer n'a-t-il pas peur que l'on ne vienne pas voir son film au cinéma?

Eric Rohmer: «Entamer la distribution du *Rayon Vert* par une diffusion sur Canal +, c'est mon idée. J'ai toujours dit qu'il serait très intéressant de démarrer une sortie par la télévision, et que ce passage à la télévision n'empêcherait pas le public d'aller dans les salles. Je voudrais que cette expérience soit un exemple pour d'autres. Quel est le problème des films dits «d'auteur» actuellement? C'est qu'ils n'arrivent pas à réunir un public suffisant pour récupérer l'argent dépensé. S'ils veulent accroître leur public, ils sont obligés de recourir à une publicité qui leur revient trop cher. Que leur reste-t-il comme compensation? La télévision, mais la télévision ne paie pas assez cher les films qui sont déjà sortis. Alors pourquoi ne pas obtenir d'avantage de la télévision en lui donnant l'exclusivité? La réponse des exploitants, c'est qu'à ce moment-là personne ne viendra plus voir le film en salle. Moi je dis que si. Actuellement il y a une diversification du public français. Je pense qu'une grande partie des gens qui vont voir mes films préfèrent les voir en salle plutôt qu'à la télévision. Je pense donc qu'en ce qui me concerne, l'expérience sera probante, mais qu'elle sera probante aussi pour d'autres.» (Eric Rohmer, **Libération**).

CINÉMA, TÉLÉVISION ET, MÉTRO: UNE INVENTION FRANÇAISE.

Pendant le festival de Cannes, la société «Tube» passe dans trois des stations les plus populaires, Argentine, Etoile, Franklin-Roosevelt, de petits films en vidéo sur le festival. Chaque mini-séquence dure environ 1 minute et l'ensemble du programme 8 minutes. Pour attirer l'attention des voyageurs, les responsables de *Tube* organisent durant toute une semaine un jeu dirigé par des mimes, présents dans les stations. Il s'agit de reconnaître les silhouettes d'acteurs de cinéma. Les usagers les plus perspicaces gagneront des voyages à Hollywood! Juste retour des choses, la «télé dans le métro» – un concept purement français, soulignent fièrement ses promoteurs – commence à intéresser les étrangers et notamment les Américains ... (Jean-François Rouge, **Libération**)

Vingt ans plus tard: un bilan positif

Le déclin catastrophique qui avait touché le cinéma dans les années 60 fut enrayé en 1975. Depuis, le cinéma français a effectué une remontée unique parmi les pays européens.

Fréquentation de cinémas dans quelques pays
(*en millions de spectateurs*)

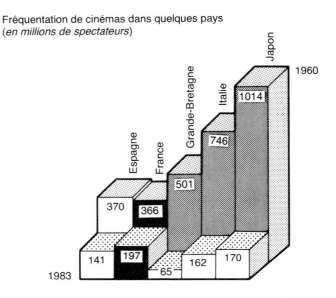

Non seulement le cinéma français se porte assez bien d'un point de vue quantitatif, mais il a aussi réussi à sauvegarder son indépendance, son originalité, son style, contre l'influence grandissante du cinéma américain.

La France au rayon vert

Filmer la solitude d'une femme en vacances, filmer les aoûtiens à la plage: c'est ce que réussit ce film. Donnez à Rohmer des petits Français, il en fait un grand film.

Selon les experts, *Le Rayon Vert*, film d'Eric Rohmer sorti en automne 86, est «un véritable traité du style français»:

« Si *Le Rayon Vert* catalogue avec délice tout ce qui fait nos manières de dire, de s'habiller, de manger, de s'aimer, de désirer, s'il égratigne férocement ce qu'on avait oublié de regarder (que la Seine est un torrent de merde, que les rues piétonnières sont ridicules, que les Français sont de vrais tocards dans les langues étrangères, que les touristes allemands parlent toujours trop fort, que les dragueurs sont d'une misère gênante) c'est toujours du bout des doigts, imperceptible, élégant, et bien élevé. Exactement comme ces vieux messieurs distingués qui, dans un coin de bistrot, font semblant de relire Pascal et qui, mine de rien, ne perdent rien d'une engueulade qu'on croyait intime. Finalement, méfiez-vous d'Eric Rohmer: ce type est infernal: vous lui laissez les petits Français sur les bras, et il en fait un grand film. **»**

(*Gérard Lefort*, **Libération**)

NO FILMS, PLEASE, WE'RE BRITISH

Today the standard of French films goes up and down, falls in and out of fashion, but nonetheless keeps up its integrity. For a start, there is such a thing as the French cinema. Even if you were to plug your ears and ignore the locations, a French film looks and feels French. Of course, French film-makers always have the French to fall back on. The French like films in general and they like French films in particular. And the French take their cinema very seriously. Informed arguments about what films actually mean – much ridiculed by Woody Allen in *Annie Hall* – were invented by earnest French students. To them the cinema is a major art form like opera or painting or architecture. In Britain the cinema is still considered an off-shoot of the fun fair, a flashy means of entertainment for the masses which went out of fashion shortly after the invention of television.

The French also take their film-makers seriously. Truffaut, Chabrol, Malle, Godart, Bresson are all French heroes. The death of Truffaut caused national mourning. In Britain the roll-cast of first-class film-makers is long and distinguished, but they are largely ignored by the British. Ask a British person in a queue for the video shop to name a British film director and he might, with a little prompting, tell you David Puttnam – who has never directed a film in his life. Ask an intelligent French film-goer and he will tell you that it is the fact that the British share the same language as the Americans that undermines the British film industry, while the French boast an indigenous industry of good quality. They have a good point . . .

And what of the suggestion, put about some years ago, that the British film industry is alive and well and living in television? Is there any truth in that ? The answer, sadly, is "Not much". In any case, films for the cinema are different from films for television. Try to think of a memorable American "Made-for-TV" movie. Or try watching *Lawrence of Arabia* on a Sony 12-inch. There are a (small) handful of good British films which cross the Atlantic on their own terms, but, for the most part, the British film industry is a thing of the past . (*Nicholas Wapshott, PUNCH February 1987*)

En réponse à ce jugement pessimiste, les cinéphiles français affirment que le cinéma anglais n'est pas tout à fait mort: des films comme *My Beautiful Laundrette, Dance With A Stranger, A Room With A View*, prouvent que la télévision peut aider le cinéma à produire de bons films. Channel 4, en particulier, est à l'origine de nombreux films à succès et est considéré comme un des éléments dominants du cinéma anglais. Que ce dernier, inspiré et soutenu par la télévision, connaisse un renouveau est indéniable; le nombre d'entrées dans les salles de cinéma le confirme: en 1986, le nombre d'entrées (72,6 millions) était en hausse de 3,5% par rapport à 1985. Le débat reste cependant ouvert entre ceux qui considèrent l'industrie cinématographique anglaise moribonde et ceux qui la voient renaître de ses cendres, mais transformée et mieux adaptée au genre de vie et aux aspirations du public actuel.

David Rose: Senior Commissioning Editor for Fiction at Channel Four.

Du tirage dans la presse

Les Français lisent de moins en moins la presse: seuls 45% des Français lisent un quotidien tous les jours ou presque, contre 60% en 1967.
Le nombre de quotidiens qui paraissent a lui aussi baissé:
- 250 titres en 1885
- 175 en 1939
- 70 environ aujourd'hui.

Depuis 1946, le tirage des quotidiens est passé de 9 à 7 millions d'exemplaires alors que la population a augmenté de 18 millions.

Il est évident que la concurrence de la radio et de la télévision est en grande partie responsable de ce déclin que connaît la presse française depuis le début des années 50. Pour la majorité des Français, le journal télévisé ou les bulletins donnés à la radio constituent une source d'information suffisante. Un autre facteur qui peut expliquer cette crise de la presse est l'évolution du prix de vente des quotidiens: en 1964 un journal coûtait 0,30 F; s'il avait suivi la hausse des prix il devrait valoir aujourd'hui 1,50F; il vaut en fait entre 4 et 5F. Mais depuis 1985 la presse parisienne a entamé une campagne de renouveau qui commence à porter ses fruits.

Un signe encourageant: en 1986, la moyenne journalière de la diffusion des grands titres parisiens (calculée sur Paris) a augmenté de 5%. *Libération*,

en progression constante et attirant un nombre croissant de lecteurs, par son style moderne, irrespectueux et bien informé, *Le Figaro* et *Le Monde* sont les principaux bénéficiaires de cette croissance. Les raisons en sont multiples:
- Une vie politique agitée et présentant de nouveaux problèmes grâce à la cohabitation.
- Un effort intense de modernisation des journaux: la tendance semble être à la création de suppléments magazines (économique, régional, télévision etc.). *Le Quotidien de Paris* lance une innovation intéressante: il publie chaque jeudi une page d'exercices en anglais pour les hommes d'affaires (business class)!

Face aux journaux parisiens, la presse régionale apparaît moins menacée et moins fragile.

Une presse régionale florissante

Les Français lisent presque deux fois plus de quotidiens régionaux que nationaux. Dans l'ensemble ces quotidiens régionaux, tels que La Nouvelle République du Centre, Groupe Grand-Ouest, Journaux de l'Ouest, Groupe Le Progrès, Ouest-France, La Voix du Nord, Le Dauphiné Libéré se portent bien.

Un exemple de réussite: Ouest-France. Avec un tirage de 800 000 exemplaires il se situe au même niveau que les «gros» quotidiens parisiens. Son influence s'étend sur neuf départements de l'Ouest dont il s'efforce de donner un reflet honnête et politiquement indépendant.

Nombre de lecteurs des quotidiens nationaux (en milliers):		
	1984	1974
Le Monde	1000	1483
Le Parisien Libéré	948	1639
France-Soir	940	1836
Le Figaro	997	1104
L'Equipe	710	1009
Le Matin	454	
L'Humanité	390	589
Libération	487	

Le renouveau des magazines

Que les Britanniques dévorent tranquillement des magazines (45% environ en lisent chaque semaine) comme ils dévorent leurs quotidiens n'est pas surprenant. En revanche le fait que les magazines français se portent mieux que les quotidiens peut paraître étonnant.

La télévision au secours de la presse

Parmi les dix titres les plus vendus de la presse française trois sont des magazines de télévision.

Les six magazines de télévision existant en France semblent tous offrir le même service; ils donnent les programmes de toutes les chaînes mais ils diffèrent par leur style et la classe sociale à laquelle ils s'adressent.

Télé 7 jours

Premier magazine de France (plus de dix millions le lisent chaque semaine), épais de 160 pages, il comprend de nombreux articles sur des vedettes de cinéma, de la chanson, des personnes célèbres, des hommes politiques etc. Le style en est anecdotique, facile à lire, sans prétention intellectuelle.

Télérama

Il s'adresse à une section de la population plus définie: jeune, éducation niveau Baccalauréat, genre de vie aisée. Il comprend des articles sur le cinéma, la musique, les livres, le théâtre; il se trouve à mi-chemin entre le magazine de télévision et le magazine de spectacles.

Magazines d'actualité

Paris-Match, L'Express, Le Nouvel Observateur, Le Point, V.S.D., Valeurs Actuelles. Inspirés de magazines américains ils sont lus par environ 20% de la population. Ils jouent, en grande partie, le rôle des journaux dominicaux britanniques et de leurs suppléments; ils offrent à ceux qui le désirent un supplément d'informations et d'explications que la presse quotidienne n'arrive pas à fournir.

Magazines spécialisés

Comme en Grande-Bretagne il en existe un très grand nombre. Ils permettent de se faire une idée des aspirations et des sujets d'intérêt des Français, de *La Pêche et les Poissons* au *Rock and Folk*, du *Guide du Potager* au *Minitel*.

Minitel est une parfaite illustration de ce nouveau genre de magazines dont la diffusion est limitée et qui répondent à un besoin précis. Minitel, mis en place par les PTT, est un système de terminaux qui, une fois branchés et raccordés au téléphone donnent accès au réseau télétel. Les services qu'il fournit sont multiples: annuaire électronique, services d'information, horaires d'avion, cours de la Bourse etc. Utilisé par les grands magasins pour mettre à la disposition de leurs clients des possibilités de commande à distance, par les banques comme moyen électronique de paiement. Mais un de ses usages les plus populaires est celui des *messageries*, sortes de petites annonces galantes électroniques! Le magazine *Minitel* est une véritable mine d'informations sur ce système de télématique.

Jours	Télé-Poche	Télé-Star
000	6 64ʼ 000	3 880 000

uide	Télérama	Télé-2
0	1 862 000	857 000

re de lecteurs

Popular dailies	
Sun	4,035,117
Daily Mirror	3,114,453
Daily Star	1,331,301
Daily Mail	1,777,147
Daily Express	1,773,708
Today	335,000

Quality dailies	
Daily Telegraph	1,136,029
Guardian	522,947
Times	478,404
Financial Times	253,180
Independent	383,315

Popular Sundays	
News of The World	4,881,644
Sunday Mirror	3,012,586
Sunday People	2,989,535
Sunday Express	2,236,070
Mail on Sunday	1,591,112

Quality Sundays	
Sunday Times	1,126,730
The Observer	765,579
Sunday Telegraph	675,937

Un pays de papivores . . .

Un jour, deux amis se trouvaient dans le métro à Londres; l'un d'eux, un Français, se tourna vers son ami anglais. «Il y a quelque chose de fondamentalement différent entre votre *tube* et notre métro parisien; mais quoi?» tous deux se mirent à réfléchir . . . L'Anglais suggéra plusieurs explications: les voitures, la publicité, les sièges, la longueur du parcours entre chaque station. Mais son ami n'était pas satisfait. «Non, non, dit-il, c'est quelque chose de plus important que tout ça; c'est l'atmosphère, l'ambiance.» Tout à coup il poussa un cri de joie; on lui jeta des regards étonnés. «Voilà, j'ai trouvé; dans le *tube* tout le monde se cache derrière un journal; à Paris tout le monde se regarde: les hommes déshabillent du regard les femmes, les femmes critiquent mentalement la tenue vestimentaire des autres femmes, les jeunes toisent du haut de leur jeunesse les vieux, les vieux portent des regards jaloux sur les jeunes. Ici vous lisez votre quotidien sans vous préoccuper de ceux qui vous entourent.»

Combien sont-ils donc à lire des journaux?

Percentage of:

(a) adults who read a Sunday newspaper

(b) a national daily morning paper

(c) either a national or regional daily morning newspaper

(d) an evening newspaper

and many people read more than one,

La presse anglaise se caractérise par

- l'abondance des titres en vente et leur variété; allant des journaux de qualité et lus dans le monde entier tels que *The Daily Telegraph, The Guardian, The Times, The Financial Times, The Independent* aux quotidiens populaires du type *The Sun, The Daily Mirror, The Daily Mail, The Daily Express* etc . . .
- l'énorme tirage de certains de ces journaux
- un prix de vente modéré. (20p à 25p)
- le nombre et l'épaisseur des journaux du dimanche; les Anglais ont le choix entre huit journaux dominicaux alors que les Français n'en ont que trois, *France-Dimanche, Ici Paris, Le Journal du dimanche*. La création récente de quotidiens (*Today, The Independent, News on Sunday, the London Daily News*), qui témoigne de la vitalité de la presse anglaise maintenant en pleine modernisation après de nombreuses années d'immobilisme.

Le système de distribution

La presse britannique doit en partie son succès à des moyens de
diffusion variés et très efficaces.

- Distribution à domicile: non seulement les Anglais peuvent avoir leur
  journal délivré à domicile par le système d'abonnement mais aussi
  par les *paper boys* ou *girls*, employés pour faire un *paper round*.
  Emma, jeune Anglaise de 15 ans, écrit à son amie française Karine:

> … Depuis quinze jours, je me lève tous
> les matins à 6h! Tu crois que je suis
> folle? Peut-être bien! En fait je travaille
> comme paper girl, c'est-à-dire que je livre
> à domicile les journaux; je me fais ainsi un
> peu d'argent de poche, j'en ai besoin car
> je veux m'acheter un walk-man. Je pense
> le faire pendant un an si j'en ai le
> courage car ça n'est pas toujours très
> drôle! Hier, par exemple il pleuvait et
> j'étais absolument trempée lorsque j'ai fini
> ma tournée. Et puis, je dois l'avouer, je
> ne suis pas très rassurée lorsqu'il fait
> encore nuit; mais le pire, ce sont les
> chiens qui aboient et grognent quand je
> m'approche de la porte, je suis morte de
> peur!…

- Distribution à l'extérieur:
- Dans des magasins tels que: *the newsagent*, librairies-maisons de la
  presse du type *W H Smith*.
- Les vendeurs de journaux dans les rues: *the newspaper booth*, qui
  représente un quotidien londonien. La création d'un nouveau
  journal entraîne la mise en place de nouveaux «kiosques». "Rival
  booths – the Standard's white and blue, the Daily News's red and
  yellow – will become a feature of London pavements, with no
  licence needed provided the pavement is not obstructed"

*En France, le système de distribution est
beaucoup moins efficace.
S'ils ne sont pas abonnés, les Français
doivent aller acheter leurs journaux et
magazines:*

- *À un kiosque; souvent situés dans les
  gares, dans les centres commerciaux ou
  sur le trottoir.*
- *Dans un débit de tabac.*
- *dans des magasins spécialisés comme les
  Maisons de la Presse qui vendent
  journaux, magazines, livres et papeterie.*

Lecture-culture ou lecture-loisirs?

Évolution des goûts

Genres de livres lus le plus souvent	1973	1981
Romans (autres que policiers ou d'espionnage)	22,7	28,6
Livres sur l'histoire	10,7	9 6
Romans policiers ou d'espionnage	19,7	9,1
Livres scientifiques, techniques, professionnels		7,4
Essais politiques, philosophiques, religieux, ouvrages de psychologie, etc.	11,8	12,9
		5,5
Ouvrages pratiques tels que livres de cuisine, décoration, bricolage, jardinage, etc.	...ᵃ	6,9
Œuvres de la littérature classique	9,7	6,8
Albums de bandes dessinées	...ᵃ	5,4
Dictionnaires ou encyclopédies	3,6	5,0
Livres-reportages d'actualité	...ᵃ	3,9
Livres de poésie	1,9	1,7
Livres d'art	1,4	1,4
Autres « beaux livres » illustrés de photographies	...ᵃ	1,4
Livres pour enfants	2,6	0,8
Autres genres	2,6	3,2

a. Cette catégorie de livres ne figurait pas dans la liste présentée aux personnes interrogées en 1973.

(Source : I N S E E.)

Christine, bibliothécaire à Lille, et Jill bibliothécaire à Reading, se rencontrent lors du festival de la bande dessinée à Angoulême. Elles discutent de leur travail, des problèmes auxquels elles doivent faire face.

Anne Notre principal problème, à Lille, c'est d'encourager les gens à fréquenter la bibliothèque; pour beaucoup d'entre eux, la bibliothèque est encore un lieu sacro-saint, réservé à une minorité. Et nous ne sommes pas les seuls dans cette situation, c'est partout pareil! Sais-tu que seuls 14% des Français sont inscrits à une bibliothèque? Il y a de quoi désespérer!

Jill Oui, c'est peu; chez nous, je crois qu'environ un tiers de la population est inscrit. C'est mieux mais la situation n'a pas beaucoup évolué, ces dernières années, et j'estime que nous pourrions mieux faire, si nous en avions les moyens financiers!

Anne Et puis, il faut aider les gens à se débarrasser de la gêne, de la peur qu'ils ont une fois qu'ils sont dans la bibliothèque. Souvent ils n'osent pas s'adresser à nous pour nous demander de l'aide; ils ont peur de paraître ridicules; je ne sais pas pourquoi, mais dans l'ensemble les Français ont horreur d'avouer qu'ils ne savent pas tout et qu'ils ont besoin d'aide. Alors ils essaient de se débrouiller tout seuls, et parfois ils n'y arrivent pas et s'en vont furieux et frustrés.

Jill Je ne pense pas que ce soit le cas chez nous. J'espère que non! En fait nous sommes parmi les plus gros emprunteurs de livres en Europe. Il paraît que mes compatriotes empruntent 7 fois plus de livres que les tiens! Une des plus grandes différences entre nos deux pays est l'attitude que nous avons envers la lecture.

Anne Qu'est-ce que tu veux dire? Explique!

Jill Et bien, les Anglais considèrent la lecture comme une occupation de loisirs. D'après des statistiques assez drôles que j'ai lues dans le *Daily Telegraph* il n'y a pas longtemps, 21% des Britanniques lisent un peu chaque jour, surtout les femmes, et lire est leur 2ème activité préférée au lit (dormir étant la 1ère!). Ils lisent surtout des romans, pour le plaisir, alors que, vous Français, lisez pour vous cultiver, pour apprendre.

Anne Tu as peut-être raison, mais il existe en France une classe de lecteurs passionnés qui lisent plus de 50 livres par an.

Jill Exactement! C'est cette élite, environ 10% de la population, qui donne l'impression que la France est un pays de . . . de . . .

Anne . . . de rats de bibliothèque!

Je vous présente Miss Anita Brookner

Chaque année depuis 19 ans, la presse anglaise, qu'elle soit littéraire ou non, attend fébrilement que soit annoncé le nom du nouveau ''Booker Prize''. Ce prix littéraire de £15 000, organisé par le ''Book Trust'', est octroyé au meilleur roman de l'année en langue anglaise.

Cinq juges, tous issus de l'élite culturelle et intellectuelle anglaise, ont la lourde responsabilité de choisir le roman qui, ainsi promu, deviendra du jour au lendemain un bestseller. Querelles, discussions, intrigues et parfois même coups de tête et mini-scandales contribuent à créer une atmosphère tendue et passionnée. Heureux l'écrivain dont l'œuvre est ainsi honorée!

En 1984 Anita Brookner fut l'heureuse élue grâce à son roman *Hotel du lac*. Elle est depuis considérée comme l'une des grandes romancières anglaises de l'époque actuelle et sa réputation n'est plus à faire, ni en Grande-Bretagne ni en France.

«Jamais aucun horse guard n'a été d'une minute en retard à la relève de la garde au Palais de Buckingham. De même, depuis Ann Radcliffe et Fanny Burney, aux alentours de 1830, aucune romancière anglaise n'a été en retard pour passer les pouvoirs à celle qui va la relever, les sœurs Brontë à George Eliot, Jane Austen à Elizabeth Gaskell, Virginia Woolf à Ivy Compton-Burnett. Il y a eu pourtant ces dernières années comme un moment d'attente, un creux de vague. L'Angleterre se demandait ce qui se passait. Où était le porte-parole des femmes anglaises, celles qui réclament avec Virginia Woolf «une chambre à soi» pour travailler tranquille, celles que les gentlemen laissent bavarder entre elles à fin du dîner pour aller entre hommes fumer leur cigare et boire leur sherry? Où était passée la représentante en littérature de celles qui depuis des siècles, et spécialement depuis 1940, empêchent le navire britannique de pencher un peu trop à bâbord sous le poids des mâles britanniques (l'anglais viril ventru, sonore, style Docteur Johnson ou Churchill) ou à tribord, du côté de ces charmants homosexuels qui sont l'autre versant de la grande civilisation anglaise, malgré leur propension récente à devenir espions du KGB.

Anita Brookner

En 1981, la très sérieuse Anita Brookner publie son premier roman, «un début dans la vie», qui sera suivi depuis, chaque année, par un nouveau livre. L'Angleterre respire: la relève a bien eu lieu.

Les héroïnes d'Anita Brookner sont chacune différentes mais appartiennent toutes à la même famille. Ce sont des personnes en général cultivées. Ces jeunes femmes ont une grande force qui est aussi une redoutable faiblesse: elles ont toutes reçu une excellente éducation anglaise. Elles ressentent des émotions violentes mais ont appris à n'en rien exprimer. Elles sont vêtues de tweed discret, de réserve courtoise, de stricts tailleurs en flanelle grise, de probité, qui n'est pas candide mais lucide. Elles ont un cœur qui souvent bat la chamade mais elles n'élèvent jamais la voix ni le ton. Elles promènent dans la vie leur honnêteté et leur courage poli, leur sens de l'humour indéfectible, comme le jeune Spartiate promenait le renard qui lui mangeait le **»** cœur: sans broncher.**»**

*(Claude Roy, **Le Nouvel Observateur**)*

La Politique

La république française: "Question Time"

Après Brigitte Bardot, Catherine Deneuve a été choisie pour servir de modèle au buste de Marianne qui se trouve dans toutes les mairies de France. Qui est donc cette fameuse Marianne?
Marianne est le symbole de la République française: ce nom a été donné à la République en souvenir d'une société secrète républicaine destinée à renverser le Second Empire.

A quelle époque la France a-t-elle adopté le drapeau tricolore?
Le 14 juillet 1789, La Fayette, commandant de la garde nationale, prit une cocarde aux couleurs de Paris, le rouge et le bleu entre lesquelles il plaça le blanc qui était celle du roi: ainsi le drapeau tricolore, emblème de la Révolution, associa l'ancienne France et la nouvelle. Mais le drapeau tricolore ne fut adopté définitivement comme emblème national qu'en 1830 au début de la monarchie de Juillet.

Le gouvernement

Le gouvernement actuel de la France a été organisé par la Constitution de 1958, écrite sous les ordres du Général de Gaulle. Il comprend:

Le président de la république à l'Élysée

- élu depuis 1962 au suffrage universel, pour 7 ans
- il choisit le premier ministre
- il préside le conseil des ministres
- il peut dissoudre l'Assemblée Nationale
- c'est le Chef de l'État.
- il nomme les ministres sur proposition du Premier ministre

Le premier ministre

- Chef du gouvernement, choisi au sein de la majorité à l'Assemblée
- il est le lien entre le Président et l'Assemblée
- il fait voter les lois à l'Assemblée
- s'il est mis en minorité par l'Assemblée il doit démissionner.

Une drôle de situation: la cohabitation:
L'élection en 1981 de François Mitterrand, socialiste, à la Présidence mit fin à plus de 20 ans de domination des partis de «Droite». Mais, de mars 1986 à mai 1988 la France a connu une situation étrange: elle a, en effet, un Président socialiste et un Premier Ministre de Droite. Cette

«cohabitation» de deux hommes détenant des pouvoirs politiques mais d'opinions divergeantes a été provoquée par l'élection à l'Assemblée d'une majorité opposée au Président. Ce dernier a été ainsi pratiquement obligé de nommer un Premier Ministre qui, pour la première fois dans l'histoire de la 5ème République, allait limiter, contrôler les pouvoirs présidentiels.

Le parlement

Il est composé de deux chambres: L'Assemblée Nationale et le Sénat.

L'assemblée nationale

- Elle se réunit au Palais Bourbon.
- Elle est composée de 577 membres: les députés. Ils sont élus pour 5 ans au suffrage universel.
- Elle vote les lois et le budget.
- Elle a le pouvoir de faire tomber un gouvernement, en votant une motion de censure (initiative de l'Assemblée) ou un vote de confiance (initiative du gouvernement).
- Un député qui devient ministre doit démissionner de son siège à l'Assemblée Nationale et son «suppléant» le remplace.
- L'Assemblée se réunit d'octobre à décembre et d'avril à juin.
- Tous les mercredis le gouvernement doit répondre aux questions des députés: «Questions écrites» diffusées à la télévision.

Le sénat

- Il siège au Palais du Luxembourg.
- Il est composé de 315 sénateurs, élus au suffrage indirect, pour 9 ans et renouvelables par tiers tous les trois ans.
- Son rôle législatif, moins important que celui de l'Assemblée Nationale, est de critiquer et d'amender les lois présentées par l'Assemblée.
- Le Président du Sénat (élu pour trois ans) est le second personnage de la République et assure l'intérim, en tant que Président de la République, en cas de vacance. Par exemple après le départ du général de Gaulle en 1969 il assuma le rôle du président jusqu'à l'élection de G. Pompidou.

Ecrit avant 1986, ce jugement des systèmes politiques français et britanniques s'est avéré perspicace voire prophétique . . .

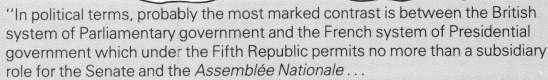

"In political terms, probably the most marked contrast is between the British system of Parliamentary government and the French system of Presidential government which under the Fifth Republic permits no more than a subsidiary role for the Senate and the *Assemblée Nationale* . . .

The greatest contrast with Parliament at Westminster is provided by the *Assemblée Nationale* in Paris. Under the Fifth Republic this has had all the characteristics of a weak Parliament and it has usually been subservient to the President in office. However, it is not inevitable that this should be so and the balance of power between the Legislative and the Executive could be different if the Opposition parties were ever to win an overall majority at the Parliamentary elections which take place every five years between Presidential elections . . . (*Mastering British Politics*)

Face à face: une monarchie parlementaire

Lors du jumelage de la ville du Touquet avec Witney, Arthur Titherington, maire de Witney répond aux questions de Paul Morins, élève en classe de première, passionné de politique et dont l'ambition est de devenir député.

Paul	Est-ce que la Grande-Bretagne possède une constitution écrite?
Arthur	Non, nous n'en avons pas.
Paul	Quels sont donc les pouvoirs détenus par le Chef de l'État Britannique?
Arthur	D'abord il faut que tu saches qu'ici le monarque est le Chef de l'État; Il (ou elle) représente la Grande-Bretagne; ses pouvoirs sont plus théoriques que réels: ils sont nombreux mais, en réalité, le monarque ne peut qu'accepter les conseils de son premier ministre et se plier à ses souhaits.
Paul	Donc, votre monarque ne joue pas un rôle bien important?
Arthur	Non, ce n'est pas exact; il joue un rôle symbolique important en tant que chef du Commonwealth et à l'intérieur même du pays.
Paul	En France on s'intéresse beaucoup à tout ce qui touche la famille royale anglaise et on estime qu'elle jouit encore d'une grande popularité dans votre pays. C'est vrai?
Arthur	Oui, tout à fait. Les sondages le confirment d'ailleurs; par exemple, en 1980, 80% des personnes interrogées étaient en faveur de la monarchie; elles appréciaient surtout l'image qu'elle offre d'une bonne vie familiale. J'espère que cela ne te fâchera pas mais 90% préfèrent notre monarchie à une république du style français ou américain.
Paul	Non, ça ne me fâche pas; ça ne m'étonne pas du tout! Vous savez, en France nous adorons suivre les péripéties de la famille royale: les grands mariages princiers, les prétendues scandales, les disputes, les heureux événements, font régulièrement la une des journaux et des magazines! Mais, dites-moi, votre Premier Ministre, comment est-il choisi?
Arthur	C'est le *leader* du parti ayant obtenu la majorité ou le plus grand nombre de sièges au Parlement.
Paul	Et quels sont ses pouvoirs?
Arthur	D'abord, il choisit ses ministres pour former un *cabinet* et il dirige la politique du gouvernement. En fait ses pouvoirs sont très importants et leurs limites sont d'ordre politique plutot que constitutionnel, d'ordre pratique plutot que théorique. Je pense que Lord Hailsham l'a parfaitement exprimé en ces termes: *We live in an elective dictatorship tempered only by the minimal restraints of constitutional convention and the ruling party's normal desire to win re-election.* (**Dilemma of Democracy**). Le pouvoir du PM est, en fait, contrôlé par l'opinion publique, les média, les fonctionnaires et les différents groupes de pression.
Paul	Et le Parlement? Sûrement, lui aussi sert à contrôler le Premier ministre?
Arthur	Oui, bien sûr, j'allais y venir; il est évident que, pour rester au pouvoir, le gouvernement doit avoir la confiance de la Chambre des

---

Functions of the Monarchy

In Parliament

State opening of Parliament
Royal Assent to Bills
Dissolution of Parliament

Other formal functions

Conclusion of treaties
Declaration of war
Introduction or amendment
   of colonial constitutions
Establishment of public
   corporations

Symbolic functions

Head of the Commonwealth
State visits abroad
Entertaining foreign
   Heads of State in U.K.
Patronage of good causes
Visits to all parts of U.K.
Military ceremonial
Religious ceremonial

Political functions

Choice of Prime Minister
Creation of peers
Granting of honours
Public appointments

Quasi-judicial functions

Prerogative of mercy
Prerogative of pardon

Unpublicised functions
Personal contacts with
   the Prime Minister
Confidential advice to
   the Government

Communes; il a aussi besoin du soutien d'une majorité des députés pour faire voter les lois qu'il propose.

Paul　　Et il limite aussi le pouvoir monarchique, n'est-ce pas?

Arthur　C'est exact! Nous sommes, comme tu le sais, dans une monarchie parlementaire.

Paul　　C'est-à-dire?

Arthur　C'est-à-dire que la loi établie par le Parlement doit être obéie par tout le monde y compris le monarque. Cette suprématie de la loi parlementaire date de l'exécution de Charles Ier en 1649 et de la *Declaration of Rights* de 1689.

Paul　　Et un siècle plus tard les Français aussi commettaient un régicide, mais avec des conséquences différentes . . .

Arthur　Puisque ça t'intéresse tellement, demain je t'emmène faire le tour du Palais de Westminster!

*　　*　　*

Paul　　Quel bâtiment! C'est impressionnant; je ne pensais pas que c'était aussi décoré surtout chez les Lords! Je comprends mieux aussi pourquoi il y a une telle ambiance dans la Chambre des Communes!

Arthur　Et pourquoi donc?

Paul　　Et bien la disposition des sièges facilite la confrontation. Face à face, il est plus facile de s'emporter contre son adversaire; et je trouve plutôt amusant que l'espace entre les deux côtés soit égal à la longueur de deux épées dégainées! Je comprends mieux aussi les expressions *"front-benchers"* et *"back-benchers"*. Une expression qui me surprend est celle de *"Her Majesty's loyal Opposition"*; pouvez-vous m'expliquer ce que ça signifie?

Arthur　Oui, cela fait allusion au concept ancien de *"constitutional Opposition"*: c'est ainsi que les trois membres les plus importants de l'opposition reçoivent un salaire supplémentaire comme les ministres.

Paul　　Enfin, selon vous, quelles sont les fonctions les plus importantes du Parlement?

Arthur　Les deux plus importantes, à mon avis, sont; d'une part de contrôler la politique du gouvernement; ceci se fait surtout au cours de *Members' question time* qui dure environ trois-quarts d'heure; tous les mardi et jeudi le Premier Ministre, en personne, répond aux questions et critiques qui lui sont faites; et d'autre part de faire des lois: c'est la fonction la plus importante du Parlement.

Les élections

Qui a le droit de voter?
Pour pouvoir être électeur il faut:
- être Français ou Française;
- avoir dix-huit ans révolus
- et jouir de ses droits civils ou politiques (code électoral)

Où vote-t-on?
Les mairies, les écoles sont les endroits les plus utilisés.

Quand vote-t-on?
Les élections politiques ont toujours lieu un dimanche. Le scrutin est normalement ouvert à 8h et clos à 18h (code électoral).

De quoi faut-il se munir avant d'aller voter?
- La carte d'électeur: une carte électorale est délivrée à chaque électeur; elle comporte obligatoirement les noms, prénoms, domicile ou résidence, date et lieu de naissance de l'électeur, son numéro d'inscription et l'adresse de son bureau de vote. La carte électorale est uniquement un document d'information pour l'électeur, elle n'est pas indispensable pour voter.
- Une pièce d'identité: elle est obligatoire, sans pièce d'identité, on ne peut pas voter. Ce peut être un livret militaire, un livret de famille, un permis de conduire, une carte d'identité etc. pratiquement toute carte officielle attestant l'identité de l'électeur.

A *voté!*

B. CHARLES / A. CARLE / M. BALDY		CARLE (enveloppe)		URNE	A voté!
1 Prendre 1 bulletin par candidat	2 Entrer dans un isoloir (obligatoire)	3 Mettre le bulletin de son choix dans une enveloppe	4 Montrer une pièce d'identité	5 Mettre son bulletin de vote dans l'urne	6 Président du bureau de vote déclare 'a voté'

Le *calendrier des élections*

L'élection présidentielle: tous les 7 ans
Les élections législatives (des députés): tous les 5 ans.
Les élections des sénateurs: le mandat des sénateurs est de 9 ans; le Sénat est renouvelé par tiers tous les 3 ans.
Les élections régionales: tous les 6 ans.
Les élection cantonales: tous les 6 ans.
Les élections municipales: tous les 6 ans.
L'élection européenne: tous les 5 ans

RECOMMANDATIONS IMPORTANTES

L'électeur ne sera admis à voter qu'après être passé par l'isoloir où il doit placer son bulletin dans l'enveloppe réglementaire qui lui sera remise à son entrée dans la salle de vote (a).

Quiconque aura voté soit en vertu d'une inscription frauduleuse (b), soit en prenant faussement les nom et qualité d'un électeur inscrit, sera puni d'un emprisonnement de six mois à deux ans et d'une amende de 720 F à 7 200 F.

Sera puni de la même peine tout citoyen qui aura profité d'une inscription multiple pour voter plus d'une fois.

(a) Cette formalité n'est pas exigée dans les bureaux de vote dotés de machines à voter.

(b) Personne qui se fera inscrire sur la liste électorale sous de faux noms ou de fausses qualités, ou aura dissimulé une incapacité prévue par la loi, ou aura réclamé et obtenu une inscription sur deux ou plusieurs listes.

Cette carte devra être conservée par l'électeur jusqu'à nouvel avis.

RÉPUBLIQUE FRANÇAISE

LIBERTÉ · ÉGALITÉ · FRATERNITÉ

CARTE D'ÉLECTEUR

DÉPARTEMENT

« Voter est un droit c'est aussi un devoir civique »

MINISTÈRE DE L'INTÉRIEUR

CHANGEMENTS DE DOMICILE

Le changement de domicile dont la déclaration n'est en aucun cas obligatoire, est mentionné sur demande faite au *Commissaire de police* ou, à défaut, au *Maire* du nouveau domicile.

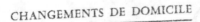

Nouveau domicile : Les roseraies n° 7 rue greffers 45100 orleans

Le 11 AOUT 1972

Le Commissaire de police
Le Maire

Nouveau domicile :

Le

Le Commissaire de police
Le Maire

RÉPUBLIQUE FRANÇAISE

Préfecture de l'Aude

CARTE NATIONALE D'IDENTITÉ

Valable dix années à partir de la date d'émission

LV14598

N°

TIMBRE FISCAL
F
2,50

Les différents modes de scrutin

Suffrage direct et indirect?

Le suffrage est direct quand les élus sont désignés par l'ensemble du corps électoral. Les élections présidentielles, municipales, cantonales, législatives et européennes se déroulent au suffrage direct. Dans le cas du suffrage indirect l'ensemble du corps électoral se réunit et désigne des représentants qui, eux-mêmes, procèdent à une nouvelle désignation. Les Sénateurs, par exemple, sont élus au suffrage indirect.

Scrutin majoritaire et scrutin proportionnel

Le principe du scrutin majoritaire est, en apparence, simple: l'élu est celui qui a remporté la majorité des suffrages. Mais cette majorité peut être:

- absolue: c'est-à-dire égale à plus de la moitié des voix;
- relative: alors, il s'agit simplement d'obtenir le plus de voix, sans référence à un seuil.

Le scrutin peut être à un tour ou à deux tours:

- Dans le scrutin à un tour, seule la majorité relative est requise pour être élu.

- dans le scrutin à deux tours, il faut obtenir la majorité absolue au premier tour pour l'emporter, la majorité relative suffisant lors du second tour.

Dans le scrutin à deux tours, seuls les candidats ayant obtenu au premier tour un nombre de voix au moins égal à 10% du nombre d'électeurs inscrits peuvent se présenter au second tour; en général, les candidats de même tendance politique (UDF et RPR pour la Droite, Parti Socialiste, Radicaux de Gauche et Parti Communiste pour la Gauche, par exemple) peuvent se mettre d'accord sur un seul candidat commun, celui qui a le plus de chance d'emporter l'élection; les autres candidats, alors «se désistent» en sa faveur et recommandent aux électeurs qui ont voté pour eux au premier tour de voter pour ce candidat commun au second tour.

- Le scrutin proportionnel: utilisé lors d'élections législatives pour la première fois en 1986, il a comme principe la répartition des sièges en proportion des voix obtenues par chaque liste.

Exemple de tactique de désistement et de reports de voix au cours d'élections à 2 tours:

PARTIS	11 DÉCEMBRE 1983 Inscrits .... 62 109 Votants .... 44 641 Abst. ....28,12 % Suf. exp. 43 710			18 DÉCEMBRE 1983 Inscrits .... 62 104 Votants .... 48 730 Abst. ....21,53 % Suf. exp. 47 728		
	Voix		%	Voix		%
M.R.G.	B. Charles	9 962	22,79	B. Charles	25 029	52,44
R.P.R.	A. Carle	18 975	43,41	A. Carle	22 699	47,55
P.S.	M. Baldy	7 020	16,06			
P.C.	H. Thamier	5 527	12,65			
U.D.F.						
Écol.	P. Costes	1 490	3,40			
Div. D.	R. Laur	679	1,55			
L.O.						
Ind.	P. Coudere	57	0,13			

Le système électoral britannique

« La Grande-Bretagne est, en règle générale, considérée comme l'exemple type du bipartisme. Le schéma est simple: dans une Chambre des communes rectangulaire, Gouvernement et Opposition siègent face à face, chaque camp étant composé d'un seul parti; un bouleversement électoral conduit seulement à une permutation des partis d'un côté à l'autre de » la Chambre. (*David Butler, **Pouvoirs** 1986*).

De 1945 à 1970 la Grande-Bretagne connut cette alternance bipartisane: le pouvoir allant du parti conservateur au parti travailliste et vice-versa. Pendant cette période les tiers partis comptaient à peine. Ce n'est plus le cas à l'heure actuelle; d'un part un électorat de plus en plus versatile, d'autre part la formation d'une troisième parti de plus en plus fort risquent de remettre en question l'alternance bipartisane; Mais, un des obstacles les plus importants à la fin du bipartisme est celui du système électoral. Le mode de scrutin en vigueur en Grande-Bretagne est celui du *First-past-the-post*: dans chaque circonscription le candidat possédant le plus grand nombre de voix l'emporte.

Paul A mon avis, c'est un mode de scrutin très injuste; par exemple, si l'on considère les résultats des élections législatives de 1983 on s'aperçoit que, grâce à ce système, le parti possédant la plus grande minorité de voix remporte une majorité confortable de sièges au Parlement!

Arthur Tu as raison; il est vrai que ce mode de scrutin a favorisé les deux principaux partis, les Conservateurs et les Travaillistes, aux dépens de tous les autres partis.

Paul Je dois avouer que si j'étais ou Libéral ou SDP j'éprouverais un sentiment extrême d'injustice!

Arthur C'est pourquoi ces deux partis campagnent énergiquement, mais sans succès jusqu'à présent, pour le scrutin proportionnel.

Paul Evidemment, car le parti au pouvoir, quel qu'il soit, est celui qui a bénéficié de ce mode injuste; il n'a donc aucune envie de se débarrasser d'un système qui a joué en sa faveur!

Arthur Oui, mais soyons généreux et donnons à ces politiciens des motifs plus nobles! Peut-être veulent-ils garder ce scrutin parce qu'il offre un avantage appréciable.

Paul Lequel? Vous m'intriguez!

Arthur Grâce à ce scrutin, une majorité, formée par un seul parti, a été élue au cours de la plupart des élections parlementaires; ainsi, les problèmes créés par des gouvernements de coalition ont souvent été évités.

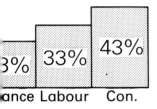

ou Voted

3% 33% 43%
ance Labour Con.

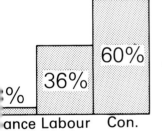

You Got

% 36% 60%
ance Labour Con.

Toute personne de nationalité britannique et âgée de plus de 18 ans a le droit de voter. Les élections ont toujours lieu un jeudi; elles se tiennent dans toutes sortes de salles de réunion telles que: écoles, salle de fête, salle paroissiale.

Bien qu'aucun papier d'identité ne soit nécessaire, il est bon d'avoir avec soi la carte blanche électorale vous convoquant aux élections et vous indiquant votre bureau de vote.

Le calendrier des élections:
- *General Election:*
  tous les 5 ans (au plus)
- *Local elections:*
  tous les 4 ans.

Vive monsieur le maire!

M. Jacques Courtelin est maire de Wavans; Wavans est une des 36 000 communes que comprend la France et qui constituent la division administrative de base du pays. Chaque commune est dirigée par un Conseil Municipal, élu pour 6 ans, qui choisit parmi ses membres le maire. Ce dernier remplit ses fonctions pour toute la durée du mandat du Conseil Muncipal.

- En tant qu'agent du pouvoir central il est chargé d'assurer l'application des lois; il préside les bureaux de vote, il légalise des signatures, il est officier de l'État civil.
- En tant qu'autorité locale il est responsable de l'entretien de sa commune. Il est aidé par un ou plusieurs adjoints dont le nombre varie selon l'importance de la commune. C'est le maire qui détermine leurs attributions (par exemple les finances, l'entretien des écoles primaires, des bibliothèques et musées municipaux, l'équipement de la commune, l'entretien de la voirie etc). et qui peut, s'il le veut, les démettre de leurs fonctions. Le maire reçoit un salaire, appelée «indemnité de fonction» et ses adjoints aussi bien que de moindre importance.

Le rôle du maire est considéré primordial par la plupart des Français; en cas de difficulté c'est vers lui qu'ils se tournent en premier. Il représente l'élément de base de la démocratie française, il

incarne les valeurs permanentes de sa commune. Un bon maire, aux yeux des Français est celui qui se dévoue pour sa commune, qui s'efforce de la mettre en valeur et qui en est fier.

Que peut-on faire à la mairie?

- Déclarer une naissance
- Déclarer un décès
- Demander l'inscription de son enfant dans une école
- Se faire recenser au cours du premier mois de son 18ème anniversaire
- Se faire inscrire sur la liste électorale
- Se marier
- Voter
- Consulter la collection des Journaux officiels (lois, arrêtés, décrets)
- Obtenir des papiers officiels: livret de famille, extrait d'acte de naissance, extrait d'acte de mariage, certificat de vie, certificat de non-divorce, de non-séparation, de non-remariage ...
- Obtenir les adresses de la préfecture, du percepteur, des écoles, de la bibliothèque, des piscines, des pompiers, médecins etc ...
- On peut accomplir beaucoup d'autres démarches plus spécialisées comme faire viser et valider son permis de chasse.

Pour le public la mairie est donc un lieu où on accomplit différentes formalités administratives, et un centre d'information.

La commune de Wavans est située dans le Pas-de-Calais qui est un des 96 départements français. Comme la commune, mais à un niveau plus élevé, le département constitue une division administrative. La loi du 2 mars 1982 a marqué la fin du «règne» du Préfet qui représentait le gouvernement central et qui détenait le pouvoir exécutif dans le département; le préfet a été remplacé par un «Commissaire de la République» nommé par le gouvernement central mais qui ne possède plus que le droit de contrôler, a posteriori, la légalité des mesures prises par le conseil général. L'exécutif du département est maintenant confié au président du conseil général élu par les conseillers généraux. Ces derniers sont élus au cours des élections cantonales (le canton est une circonscription électorale). Toute une série de lois en 1982 et 1983 ont accru les pouvoirs des conseils généraux et ont entamé un processus de «décentralisation» au niveau départemental ainsi que régional.

Les régions jouissent désormais d'une plus grande autonomie. En 1983, 22 Conseils régionaux ont été créés par le gouvernement socialiste de l'époque. Il faudra attendre plusieurs années pour apprécier la portée de ces changements et leur succès. Mais on peut déjà dire que l'image traditionnelle d'une France ultra-centralisée, datant de l'époque napoléonienne, ne correspond plus à la réalité.

Les régions

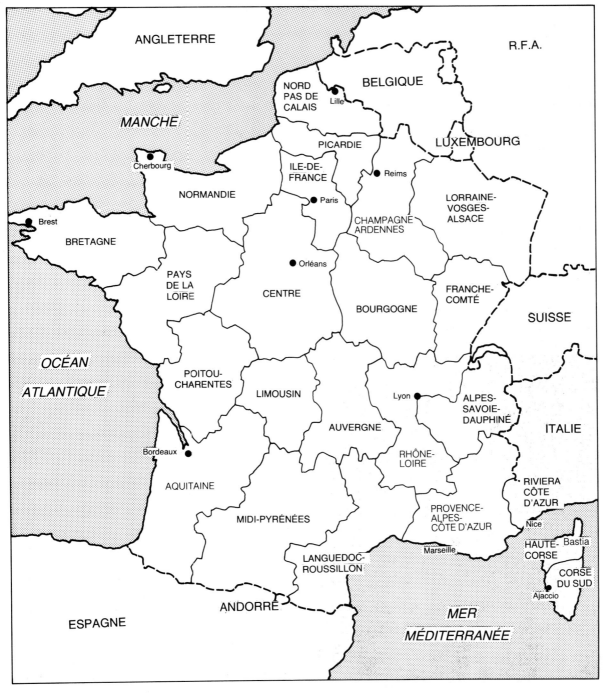

Le pays du gouvernement local?

La Grande-Bretagne a la réputation d'être la «mère des Parlements» et «le pays du gouvernement local». Il est possible d'arguer que les collectivités locales britanniques sont de grande dimension, plurifonctionnelles et riches. Elles semblent constituer *à priori* des unités puissantes et même indépendantes du gouvernement central. On peut aussi ajouter que «parce qu'il ne fournit pas de services (à l'exception de la Défense et de la sécurité sociale) le Gouvernement central ne peut pas exécuter lui-même ses propres décisions; il dépend des autorités locales, et de nombreuses organisations spécialisées qui peuvent lui résister. (Regional and District Health authorities, Regional Water Authorities, Manpower Services) (***Pouvoirs**, Roderick Rhodes*)

En cas de problème, ils s'adressent, de préférence, à leur MP plutot qu'à leur *councillor*. La personne la mieux connue est le «mayor»; mais celui-ci ou celle-ci, nommé pour un an, ne possède que des fonctions honorifiques. La personne politiquement la plus importante au niveau local, le «leader» du «council», reste inconnue du grand public.

Mais cette image d'un pays parfaitement décentralisé doit être retouchée:

1 Les Britanniques ne connaissent pas leur gouvernement local et s'en méfient:

"Less than 1% of the electorate ever serve or stand for election as councillor, a high proportion of seats go uncontested and the average turnout at local elections is only 40% or less. A survey for the Maud report found that: between one fifth and one half of the informants were unable to name any service provided by their local authority; over two thirds said they had not heard of anything which their council had done during the previous month." (***Local Government in Britain**, Tony Byrne*)

En Angleterre:

Metropolitan district councils	36
Non-metropolitan county councils	39
Non-metropolitan district councils	29

Au Pays de Galles:

County councils	8
District councils	37

En Ecosse:

Regional councils	9
District councils	53

En Irlande du Nord:

District councils	26

Chaque County Council a de 60 à 100 conseillers; chaque District council en a de 30 à 80.

	have taken	would take	considered most effective
Contact MP	3%	46%	34%
Speak to influential person	1%	10%	4%
Contact government department	1%	7%	5%
Contact radio. TV or newspaper	1%	14%	23%
Sign petition	9%	54%	11%
Raise issue in an organisation	2%	9%	2%
Go on a protest or demonstration	2%	8%	5%
Form a group of like-minded people	1%	6%	4%

Responses to the prospect of an unjust or harmful law: actual, hypothetical and "most effective" actions:

2 De plus en plus, le gouvernement central s'efforce d'imposer ses directives: ou en essayant d'imposer des restrictions budgétaires (*rate-capping*) ou en essayant de court-circuiter les autorités locales, il en appelle directement aux citoyens et leur donne de nouveaux droits vis-à-vis des autorités (par exemple le droit des parents de choisir l'école de leurs enfants).

La situation actuelle peut être décrite comme ambiguë et confuse!

Les Britanniques et la politique vus par une Française

Dans un article publié dans *Libération*, Pascale Hugues fait un portrait caricatural du fossé qui sépare les classes sociales anglaises et de leurs idéologies politiques:

— *Mrs Thatcher va l'emporter. Elle vaut mieux que cette canaille de Neil Kinnock*
— *D'ailleurs, il ne faudrait pas accorder le droit de vote à tout le monde.*

« Un Anglais *upper-class*.

K.R. Harker et son ami de toujours, M.A. Currie dit «Buzz» membres fidèles du Golf Club depuis 20 ans, sont accoudés au bar, gin tonic à la main, et tentent laborieusement de fixer sur leur agenda social la date du prochain parcours. Derrière les hautes baies vitrées, une coulée de gazon émeraude, le cliquetis discret du sécateur du jardinier. Sur la terrasse, ces dames prennent le thé de 11 heures en parlant rosiers et semis. Immuable microcosme à l'abri de tout dans sa verte banlieue, au Golf Club de Finchley, la carte de voeux de fin d'année des Thatcher est posée sur la cheminée, sous le portrait de la Reine. «*Le Golf Club, tranche d'emblée J.R. Harker, est un de ces endroits sacrés où l'on ne parle pas de politique. A l'approche des élections, on en parle un peu plus, bien sûr, mais seulement si l'on est certain des opinions de son interlocuteur. Je dois tout de même avouer que Mme Thatcher compte beaucoup d'amis ici. Buzz?*» M.A. Currie esquisse un sourire, *of course*. Jennie, la jeune barmaid venue de Manchester pour trouver ce boulot providentiel à Londres, toussote nerveusement derrière le comptoir.

Cravate à l'écusson de leur club, blazer bleu marine, cigare et petite moustache sèche, J.R. Harker et M.A. Currie affichent en toute innocence la panoplie caricaturale du parfait gentleman aux relents de *British Empire* et de collège privé. M.A. Currie tonitrue et roucoule dans un anglais empesé si délicieusement *Upper Class*. «*Oui, je suis pour l'Empire Britannique que mes ancêtres ont construit et que le parti travailliste s'est empressé de mettre en pièces.*» Derrière son bar, Jenny rince frénétiquement ses verres en haussant les épaules, congestionnée ...

Et les professions de foi s'enchaînent, caricaturales: «*Il ne faudrait pas accorder le droit de vote à tout le monde. Les deux tiers de la population sont incapables de penser,*» lance M.A. Currie. **»**

Les partis politiques français

Au cours du 19ème siècle la France connut une vie politique extrêmement agitée; il s'agissait alors d'établir, une fois pour toutes l'idéal révolutionnaire d'une république. Ce ne fut qu'à partir de 1879 que tout risque ou espoir de Restauration monarchique disparaissait. La Troisième République qui dura de 1870 à 1940 donna à la France son premier véritable régime parlementaire et démocratique. Au cours des années 1870–1920 il n'existait pas à vraiment dire de grands partis, organisés à la façon anglaise mais de nombreux groupes politiques et de fortes personnalités qui dominaient la scène politique. Ce n'est qu'à partir des années 1920–1930 que les communistes avec le parti communiste et les socialistes avec la SFIO (Section Française de l'Internationale Ouvrière) commencèrent à mettre en place des structures politiques nouvelles (cellules, militants, secrétariats permanents, états-majors) et à s'organiser pour la conquête du pouvoir.

Le parti socialiste: *premier parti depuis* 1981

Il est issu de la fusion, au début des années 70, de diverses formations de la Gauche non communiste, parmi lesquelles on note la SFIO et la Convention des Institutions Républicaines. Son chef, François Mitterrand, a conservé tout au long de l'ascension du P.S. une équipe de dirigeants directement issus de la Convention dont la pensée politique, d'essence non marxiste, s'est développée au cours des années 60; un attachement profond à la république, la croyance en l'efficacité de l'intervention de l'État et des idéaux propres à la social-démocratie en sont les principales caractéristiques. Le deuxième courant à l'intérieur du P.S. est celui qui est issu de la SFIO; l'influence marxiste y est plus marquée; c'est l'aile «ouvrière» du parti et ses liens avec les syndicats, celui des enseignants en particulier, sont étroits.

A partir de 1974, le parti socialiste s'enrichit d'apports divers comme le courant mené par Michel Rocard – priorité à une gestion économique rigoureuse – et celui de Jacques Delors, courant chrétien-social, très attaché à la négociation entre les partenaires sociaux.

Le RPR: *deuxième parti, créé en* 1974

Il est l'héritier du mouvement gaulliste. Au soir des élections présidentielles de 1974, le premier ministre Jacques Chirac prend le contrôle du parti gaulliste assommé par la défaite de son candidat J Chaban-Delmas et en proie à de nombreuses querelles internes. Chirac s'emploie à rajeunir le parti; au niveau des idées, il reprend, sur le plan économique, des thèmes libéraux avancés aux Etats Unis par l'équipe de Reagan et en Grande-Bretagne par celle de M. Thatcher, alors que les Gaullistes étaient traditionnellement attachés à des politiques d'intervention de l'Etat dans la vie économique. J. Chirac met en place à partir de 1986, avec son ministre des finances, Balladur, une série de dénationalisations et tente de réduire le poids des fiscalités.

Les débuts difficiles de la République

1789: prise de la bastille, début de la Révolution, fin de la Monarchie de Droit Divin, début de la Monarchie constitutionnelle.

21 Septembre 1792–Mai 1804
1ère République

1804–1814/1815
Premier Empire

25 février 1848–2 décembre 1852
2ème République

1852–1870
Second Empire

1870–1940
3ème République

L'UDF

C'est une confédération de mouvements politiques et non un parti. Les deux composantes les plus importantes en sont le Parti Républicain et le C.D.S. Le Parti Républicain fut d'abord le parti de l'ancien président Giscard d'Estaing. Après la défaite de ce dernier en 1981, son équipe dirigeante fut complètement renouvelée. Son chef Léotard et sa «bande» se font les champions des idées libérales et prônent dans tous les domaines la réduction du rôle de l'Etat. Le CDS est l'héritier du mouvement chrétien-démocrate en France. Il tente, face aux libéraux de l'UDF, de faire valoir une pensée plus sociale. Il soutient l'ancien premier ministre Barre.

A côté de ces deux partis figure le Parti Radical; il fut un grand parti sous la troisième République et il joua un rôle primordial dans l'établissement d'une république laïque, anticléricale, mais soucieuse de défendre la propriété privée et la liberté du citoyen. Il a beaucoup perdu de son importance et il n'est plus que l'ombre du parti qu'il était.

Le parti communiste

Il a perdu au cours de années 1975–1985 plus de la moitié de son électorat. Après avoir choisi une politique d'union électorale avec le parti socialiste, puis après avoir participé au gouvernement de 1981 à 1982, il choisit maintenant une politique de repli sur des positions doctrinaires – «la lutte des classes» et le combat contre le capitalisme.

Le front national

Mené par Jean-Marie Le Pen, il se fait le champion depuis 1984 des idées de la «Loi et de l'ordre». Il prône un contrôle très sévère de l'immigration et une politique très répressive de la délinquance. Plus récemment il exploite certaines grandes «peurs» de l'opinion publique comme celle de la prolifération du SIDA. Réalisant un score proche de 10% au niveau national, il dispose d'un groupe de députés à l'Assemblée Nationale et est fortement implanté dans les banlieues de grandes agglomérations (Marseille, Lille).

Les petits partis

A l'Extrême Gauche: La Ligue Communiste Révolutionnaire menée par Krivine, parti trotskiste, et le PSU

Au Centre Gauche: Le MRG allié du Parti Socialiste.

A Droite: le CNI (Centre National des Indépendants), très conservateur, il s'allie souvent au RPR.

A l'Extrême Droite: Le Parti des Forces Nationales, encore plus extrémiste que le Front National.

Enfin la République Française a ses mouvements royalistes comme Action Française et la Nouvelle Action Française.

1940–1944
2ème Guerre Mondiale
Gouvernement de Vichy avec Pétain (politique de collaboration avec l'Allemagne nazie)

Juin 1944–octobre 1958
4ème République, instaurée par le Général de Gaulle.
Présidents: Auriol
            Coty

Octobre 1958–
5ème République

Présidents:
1958–1969 de Gaulle

1969–1974 Pompidou

1974–1981 Giscard d'Estaing

1981–   Mitterrand

Les partis politiques en Grande-Bretagne

Ayant connu au cours du 19ème siècle une vie politique plus stable que la France et jouissant d'une tradition parlementaire et démocratique plus ancienne, il n'est pas étonnant que la Grande-Bretagne puisse se vanter de posséder deux partis politiques dont l'origine remonte au 19ème siècle: les Conservateurs et les Libéraux, respectivement les Tories et les Whigs qui dominèrent la vie politique jusqu'à la première guerre mondiale.

Naissance et début des partis politiques britanniques

L'organisation actuelle des partis politiques date de la période qui fit suite à l'acte de réforme de 1832 et celui de 1867.

En 1832 : création des ''conservative associations'' dont l'objet est de s'assurer que tous les partisans du parti conservateur sont bien inscrits sur les listes électorales.

En 1834 : premier gouvernement conservateur avec Sir Robert Peel.

En 1867 : Suivant l'exemple donné par l'association libérale de Birmingham, les ''Liberals'' et les ''conservative associations'' deviennent des corps représentatifs (un comité est élu par les membres de l'Association).

En 1867 : premier gouvernement à proprement parler libéral avec W.E. Gladstone.

En 1870 : Les Conservateurs forment la première union nationale d'associations (the National Union of Conservative Associations), qui sert de centre de communication et d'action entre les différentes associations locales.

En 1870 : Disraeli constitue le Conservative Central Office, véritable bureau central à l'échelon national. Le parti conservateur remporte les élections de 1874.
A la fin du 19ème siècle les principales caractéristiques d'un parti politique moderne sont en place.

La situation en 1988

En 1987, les 650 sièges à la Chambre des Communes furent disputés essentiellement par trois grands partis nationaux: le parti conservateur, le parti travailliste et l'Alliance SDP – libéraux.

Le parti conservateur

Il est le seul, depuis la première guerre mondiale, à avoir remporté trois élections consécutives, sous la direction du même leader: Margaret Thatcher.

Bien qu'il ne possède pas d'idéologie à proprement parler et que, dans sa constitution, il ne fasse aucune mention de ses objectifs principaux, on le tient depuis ses origines pour un parti de centre-droite: il trouve la majorité de son soutien parmi la bourgeoisie et la haute-bourgeoisie et moins de 20% de ses adhérents proviennent de la classe ouvrière.

Sa politique: il met l'accent sur l'importance de l'individu plutôt que de l'État, bien que certaines de ses déclarations soient fortement teintées de nationalisme. Depuis 1975, sous l'influence de Margaret Thatcher, il penche de plus en plus vers une politique de droite: réduction des dépenses publiques sauf en ce qui concerne la Police et la Défense Nationale, diminution des charges fiscales, privatisation des entreprises publiques, législation ayant pour but de réduire le nombre de grèves sauvages et de limiter le pouvoir des syndicats.

Le parti conservateur est souvent considéré comme le parti de l'*Establishment*, le parti des milieux d'affaires et de la finance dont il dépend financièrement.

Le parti travailliste

Créé en 1906 avec l'aide du mouvement syndical, il devint, après la première guerre mondiale, le premier parti d'opposition, remplaçant ainsi le parti libéral. Entre les deux guerres il connut deux périodes au pouvoir qui furent brèves et peu heureuses; après la deuxième guerre mondiale il accéda au pouvoir, préconisant tout un programme de nationalisation et de développement de l'Etat-Providence. Sa doctrine était au début centrée sur la propriété publique et la démocratie, le droit de vote pour les femmes et l'autonomie non seulement pour l'Irlande mais aussi pour l'Ecosse et le Pays de Galles. Par la suite il mit l'accent sur le contrôle de l'État exercé par l'intermédiaire du gouvernement central.

Depuis 1970, l'aile gauche du parti exerce une influence de plus en plus grande: elle s'efforce d'engager le parti dans une voie strictement socialiste. En 1980/81 elle réussit à étendre son pouvoir aux dépens des députés, en obtenant le droit de faire élire le chef du parti non plus par les députés mais par les délégués présents à la conférence annuelle; ces délégués représentent les sections locales du parti, les syndicats et divers groupes socialistes. Les sections locales obtinrent aussi le droit d'annuler la sélection d'un candidat à la députation.

Bien qu'il soit encore populaire parmi la classe ouvrière et qu'il ait toujours l'appui financier des syndicats, le parti travailliste essuya en 1987 sa troisième défaite électorale consécutive; malgré une campagne électorale sophistiquée et un leader de qualité, il n'obtint que 239 sièges à la Chambre des Communes.

Les Démocrates sociaux et libéraux: SLD

Ce parti créé en 1988 est issu de la fusion de deux partis: le parti libéral et le SDP.

Le parti libéral

Il fut un grand parti au cours du 19ème siècle mais une succession de divisions l'ont progressivement réduit à l'état de parti secondaire. En 1987 il n'obtint que 17 sièges au Parlement.

Au cours de son histoire le parti libéral n'a jamais eu de politique économique qui lui soit propre et il n'a jamais représenté de groupe social bien défini. Il s'est toujours fait le champion d'un grand nombre d'idées libérales, du respect des droits de l'homme, d'une réforme gouvernementale, d'un système fédéral en Grande-Bretagne, mais sans offrir de doctrine très précise.

En 1983 il forma une coalition avec le SDP et connut avec ce dernier une sévère défaite aux élections de 1987; c'est à la suite de ces élections que la majorité de ses membres votèrent en faveur d'une fusion avec le SDP et pour la création d'un nouveau parti.

Le SDP (Social Democratic Party)

Il fut créé en 1981 par quatre membres appartenant à l'aile droite du parti travailliste, qui, mécontents du glissement vers la gauche qu'opérait le parti, décidèrent de former un nouveau parti de centre-gauche. Il comptait à l'origine 14 députés (tous, sauf un, issus du parti travailliste), mais il ne réussit à conserver que six sièges en 1983 et cinq en 1987.

Avec le parti libéral il essaie d'attirer les électeurs qui désirent rejeter les politiques de plus en plus opposées des deux autres grands partis. Il s'efforce d'occuper le centre de l'éventail politique.

David Owen, qui était à la tête du SDP en 1987, et deux des quatre autres députés SDP s'opposèrent farouchement à la fusion du SDP avec le parti libéral et décidèrent de maintenir en existence le SDP. Il reste à voir si ce SDP maintenu mais réduit arrivera à survivre dans la bataille politique.

Autres partis

Aux élections de 1987, 23 sièges allèrent à d'autres partis:

17 représentent l'Irlande du Nord où la bataille électorale se joue entre des partis politiques qui lui sont propres et qui reflètent les problèmes de cette région.

6 représentent les partis nationalistes qui revendiquent l'indépendance de leurs régions: 3 députés SNP (Scottish Nationalist Party) en Ecosse, et 3 députés Plaid Cymru pour le Pays de Galles.

Les petits partis comme le parti communiste, the Green party, le National Front etc. ne font aucune impression sur le plan électoral.

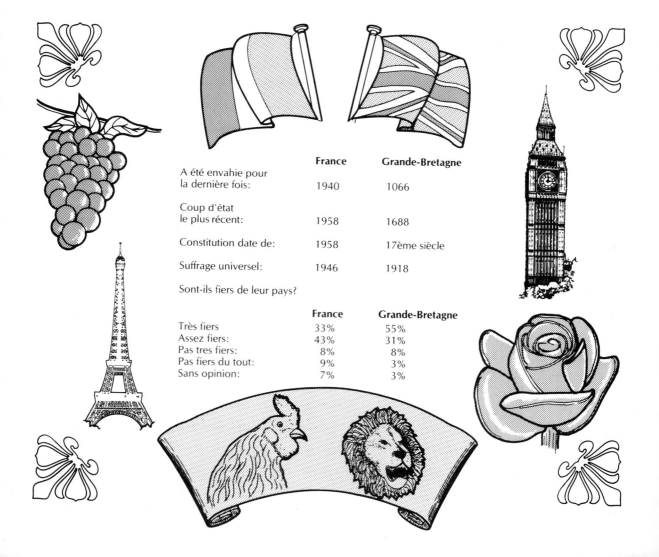

	France	Grande-Bretagne
A été envahie pour la dernière fois:	1940	1066
Coup d'état le plus récent:	1958	1688
Constitution date de:	1958	17ème siècle
Suffrage universel:	1946	1918

Sont-ils fiers de leur pays?

	France	Grande-Bretagne
Très fiers	33%	55%
Assez fiers:	43%	31%
Pas tres fiers:	8%	8%
Pas fiers du tout:	9%	3%
Sans opinion:	7%	3%

Questions and activities

If the questions are asked in English, answer in English.
Si les questions sont posées en français, répondez en français.

1 Du berceau à la tombe

1 What medical examinations must Sophie have in order to qualify for maternity allowance? (*See page 1*)

2 As well as medical matters, what social concerns are looked into during the examination 9 months after the baby has been born? (*See page 1*)

3 Regardez le journal d'un père de famille à la page 2. Imaginez que vous êtes Pierre et racontez à un ami comment se sont déroulés les 5, 6 et 7 juillet

4 The *livret de famille* does not exist as such in Britain. Read the documents on page 3 and answer these questions:
   a What events are recorded in the *livret de famille*?
   b Who issues it and when?
   c What may happen to a person who fails to keep the *livret de famille* up-to-date?
   d Why are people urged: *Prenez soin de ce livret . . .*?
   e Do you think the *livret de famille* is a good idea? Would you like to see it adopted in Britain and why/why not?

5 The *carnet de santé* is another distinctive feature of the paper-work which is part of the French way of life. Look at the extract on page 4 and answer these questions:
   a Who issues the *carnet de santé*?
   b What does it cost?
   c To whom does it legally belong?
   d What are its two main purposes?
   e When must the holder present it?
   f What advice is given in relation to travel?

6 a What difference is there between paternity leave rights in France and those in Britain?
   b How did Pierre celebrate his son's birth with his colleagues at work?
   c How much family allowance did Sophie and Pierre receive for Paul?
   d To what extent does the system of paying family allowance seek to develop the birth-rate?

7 Imaginez que vous êtes Catherine. Expliquez à votre mère, qui est Française, les allocations familiales auxquelles vous aurez droit. (*See page 6*)

8 Imaginez que vous êtes la mère de Catherine. Puisque vous ne connaissez que les habitudes françaises en ce qui concerne la naissance, vous posez plusieurs questions à votre fille. En travaillant avec une partenaire, imaginez les questions et les réponses. N'oubliez pas d'exprimer la surprise de la mère en entendant certaines réponses. (*See pages 6–9*)

9 What surprises were there for Catherine and for those looking after her during and after her child's birth? (*See page 7*)

10 Jouez le rôle de Catherine en train d'expliquer à sa mère ce qu'il faut faire pour déclarer la naissance de son fils. (*See page 8*)

11 What are the main differences between the French and British ways of keeping a record of a child's health?

12 En travaillant avec une partenaire, inventez la conversation entre Catherine et sa mère quand elles discutent des différences entre les systèmes français et britanniques du versement des allocations familiales.

13 Assuming the rate of exchange to be 10 francs to the £, do parents get more financial support in France or in Britain, and by how much?

14 Make a list of the main differences between the ceremonies and traditions relating to
    a   baptism in France/and in the UK
    b   communion solennelle/confirmation. (*See pages 10–13*)

15 In both countries the proportion of baptisms is declining but what are the differences between the patterns of decline? (*See pages 10 and 12*)

16 What main similarities and differences in the patterns of religious practice emerge from the information given on pages 14 and 15? Use the following headings as guide-lines for your answer:
    a   State and Church.
    b   Religion in the education system.
    c   Religion in everyday life.
    d   Sunday religious observance.
    e   Major and minor religious groupings.

17 Give examples from your own experience or from recent events in the United Kingdom which confirm or contradict the picture presented by Monica Charlot on page 15.

18 Votre correspondant français vous a écrit pour vous demander des renseignements sur l'attitude des jeunes Anglais envers la religion. Écrivez-lui une lettre basée sur votre expérience et celle de vos amis.

19 From the information given on page 16 and from the letter sent to Kate by Hélène (page 17), what would be the main surprises for you if you were to be married in France?

20 Imaginez que voues êtes Ruth (une Anglaise qui parle très bien le français). Vous expliquez à Jean-Raphaël les principales règles en ce qui concerne le mariage britannique. (*See page 19–21*)

21 Jean-Raphaël décide de demander à son meilleur ami, François, d'être son '*best man*' à la cérémonie en Angleterre. Écrivez la lettre de Jean-Raphaël à François dans laquelle il lui explique ses responsabilités.

22 What does Jean-Raphaël appear to find surprising about English marriage customs? (*See pages 20 and 21*)

23 What are the similarities and differences between the statistical trends in marriage and divorce in the two countries? (*See pages 18 and 22*)

24 '*Les Carnets du Major Thompson*' is a humorous book written by a Frenchman, Pierre Daninos, who recounts the experiences of Major Thompson, allegedly a 'typical' Englishman, who has married a French woman, Martine. Read the extract on page 18 and summarise the stereo-typical features of French men and women which emerge from it.

25 The article '*Les fantasmes de la femme de tête et de l'homme-objet*' (*page 18*) suggests a change in the expectations that men have of women and vice versa. What is this change and, from your experience of the world of publicity, does the same change appear to be taking place in Britain?

26 What main differences emerge from a comparison of the causes of death in France and in the United Kingdom? (*See pages 23 and 24*)

27 Road accident statistics are different in the two countries. Have you any explanation for it? (*See page 23*)

28 Écrivez en version française le faire-part de la mort annoncée dans le journal anglais. (*See page 24*)

29 How might the death of Madame Lamonie have been announced in an English newspaper? (*See page 23*)

30 En travaillant avec un partenaire, imaginez que vous expliquez à un Français la bande dessinée de Posy Simmonds (*Voir page 24*). Tout d'abord expliquez ce qui se passe et puis faites ressortir les subtilités des coutumes et des attitudes anglaises envers les rites funéraires. Pensez-vous qu'une bande semblable aurait pu paraître dans un journal français?

31 What aspects of the French attitudes to death emerge from the article on page 23?

32 Which of the two countries has the lower mortality and higher life expectancy rate? Why?! (*See pages 23 and 24*)

2 Santé

1 What aspect of Argan's character does Molière establish in the short extract from '*Le Malade Imaginaire*'? (*See page 25*)

2 What techniques does Dr. Knock use in order to make a lot of money out of Mme Pons? (*See page 25*)

3 Read the passage '*Les femmes se droguent*' (*page 26*) and answer these questions:
   a What were Armelle's symptoms and how did she treat them?
   b Why did Liliane become hooked on tranquillisers?
   c What, according to the psychiatrist quoted, are the main reasons for women's dependence on drugs?
   d Why does the writer compare the use of tranquillisers with the use of aspirin?

4 Dans la bande dessinée de Bretecher, le médecin ne dit rien. Imaginez ce qu'il pense pendant que le malade lui parle. (*Voir page 27*)

5 What is the patient's fundamental problem and why might the spanner solve it for him?

6 Après avoir lu les articles en anglais à la page 28, rédigez quatre ou cinq questions en français que vous voudriez poser à des amis français pour confirmer ou contredire les points principaux.

7 Imagine you are Emma (page 30). What aspects of the practical arrangements for dealing with illness in France would strike you as strange?

8 Explain in English how French people can get reimbursed for the money they have to spend on their medicines. (*See page 30*)

9 What is the major difference between the French and British approaches to hospital treatment?

10 Summarise the main differences and similarities between smoking trends in the two countries. (*See page 32*)

11 To what influence does Philippe Gavi (page 32) attribute the widespread adoption of milder cigarettes? What do you think his own attitude is towards the new trend?

12 Résumez pour un ami français les principales idées dans l'extrait du *Guardian*. (*Voir page 32*)

13 Read the article on French washing habits (on page 28) and answer these questions:
   a Why, in the first paragraph, does the writer express surprise at France's position in the European cleanliness league?
   b How does the writer attempt to explain the change since 1977?
   c How does the writer explain the fact that many French people wash with products designed for babies?
   d Why is she particularly uncomplimentary about *les fameux séducteurs français*?

14 En vous servant des statistiques dans le texte (*voir page 28*), comparez la performance des Français et des Anglais en ce qui concerne l'hygiène.

15 Discutez dans votre groupe vos préférences et habitudes en matière d'hygiène. Évitez toute pression sur les membres du groupe de passer aux aveux personnels!

16 Comparez les statistiques à la page 33 avec celles que vous avez déjà étudiées à la page 28. Résumez pour un ami français les principales différences entre les deux pays.

17 Vous discutez avec un ami français l'article de Rosie Rushton (*Voir page 33*). Trouvez-vous qu'elle présente une image véritable des rapports entre les médecins britanniques et leurs malades. Tirez des exemples de votre expérience personnelle.

18 What aspects of James's explanation of the British Health Service would seem most unusual to François? (*See pages 34–36*)

19 What particular aspects of Mme Lemoine's experience (*page 35*) surprised her?

20 Faites un débat dans votre groupe pour et contre le système de la médecine privée en Grande-Bretagne, tout en faisant des comparaisons avec ce qui se passe en France.

21 Imaginez que vous recevez un Français chez vous et que vous lui expliquez pourquoi les régimes 'riches en fibres' ainsi que les régimes amaigrissants sont tellement à la mode en Grande-Bretagne. (*See page 37*)

22 Étant donné tout ce que vous avez lu sur les deux systèmes, pensez-vous que les malades soient mieux servis en France ou en Grande-Bretagne? Justifiez votre choix en discutant le sujet avec un partenaire dans votre groupe.

3 L'année

1 Which annual traditions in the French calendar differ significantly from the British pattern? (*See page 38*)

2 En travaillant avec un partenaire qui ne regarde pas les pages 38 and 39, décrivez en français une des journées importantes du calendrier français, en employant des mots un peu différents de ceux du texte. C'est à votre partenaire de deviner la date dont il s'agit.

3 Imaginez que vous êtes Isabelle qui, ayant reçu la lettre de Catherine (*voir pages 40–41*), lui téléphone pour poser des questions supplémentaires sur les fêtes en Grande-Bretagne. Votre partenaire joue le rôle de Catherine et donne les précisions demandées.

4 What criticisms does Pierre Daninos appear to be making of the French approach to Sunday? (*See page 42*)

5 To what extent does the British Sunday, as you experience it, differ from the picture presented on pages 42 and 43?

6 Faites un débat dans votre groupe sur le rôle du dimanche dans la vie. Certains peuvent justifier les attitudes françaises tandis que d'autres peuvent défendre les habitudes britanniques.

7 Summarise the change in the French pattern of holidays over the period 1978–84. (*See page 44*)

8 Regardez la liste des modes d'hébergement à la page 45. Discutez avec un partenaire les avantages et les inconvénients de chaque mode d'hébergement.

9 Continuez la conversation (*voir page 45*) entre Monsieur et Madame Lejeune sur les avantages et les désavantages d'acheter une résidence secondaire.

10 Résumez, à l'intention d'un ami français, les préférences britanniques en ce qui concerne les vacances. (*voir page 46*)

11 Comparez l'évolution des vacances britanniques entre 1976 et 1985 avec celle qu'a connue la France. Quelles sont les principales ressemblances et différences?

12 En travaillant avec un partenaire, vous étudiez tous les deux les photos qui paraissent à la page 47. Votre partenaire ferme le livre et vous devez décrire les lieux de vacances. C'est à votre partenaire de deviner lequel des lieux vous décrivez!

13 Apportez en classe des photos de vacances (prises en Angleterre ou à l'étranger). En vous en servant comme point de départ, persuadez votre partenaire d'aller passer ses vacances dans un ou plusieurs des lieux que vous lui recommandez.

4 Les transports

1 Imagine you are Megan and have just received Françoise's letter about her driving test (*see page 49*). Tell the rest of your family
  a what Françoise had to do before the practical test.
  b what happened at the end of the test.
  c what she had to buy to stick on her car and why.
  d what she thinks about this restriction.

2 Which three rules are highlighted as being likely to cause a British driver difficulty in France and why? (*See page 50*)

3 What advice is given to prevent you driving too fast?

4 In what ways do the French speed limit rules seem more complicated than the British ones?

5 Explain the difference between an *agent de police* and a *gendarme*. (*See page 51*)

6 Expliquez à un ami français pourquoi le rôle du *Chief Constable* est particulièrement (*voir page 52*) et donnez des exemples récents de l'influence d'un *Chief Constable* sur l'opinion publique.

7 Do you detect any fundamental differences in the independence and responsibilities of the police in the two countries?

8 Compared with the test in France, what differences did Mireille notice in preparing for and taking the driving test in England? (*See page 53*)

9 Make a list of the surprises Jean-Claude had as a Frenchman driving in England for the first time. Summarise his conclusion and, if you have travelled by car in France, say to what extent you agree with his ideas. (*See page 54*)

10 Summarise the reasons given for the French government's determination to go on building motorways through to the year 2000? (*See page 55*)

11 How have the French financed their motorway building programme? (*See page 57*)

12 What would the French find strange about the British approach to the motorway programme? (*See page 58*)

13 Quelle explication un Français donnerait-il pour l'accroissement rapide du réseau autoroutier français depuis 1971? (*Voir page 55*)

14 Organisez un débat dans votre groupe sur les avantages et les inconvénients du système d'autoroutes à péage. (*Voir page 57*)

15 What has been the French attitude to the siting, construction and development of their service stations? Include an explanation of the different categories of 'service' available. (*See page 59*)

16 Expliquez à un ami français les remarques de George Kingham of the *Sunday Times* à la page 60.

17 Imaginez que vous êtes Richard Plume et expliquez à un collègue français pourquoi la vie d'un chef cuisinier à Watford Gap n'est pas très agréable. (*Voir page 60*)

18 Faites un débat dans votre groupe sur les différentes attitudes envers les aires de service en France et en Grande-Bretagne. Les Français ont-ils raison de transformer leurs autoroutes en centres culturels ou les Anglais ont-ils raison de concentrer leurs efforts sur les besoins plus terre-à-terre des voyageurs?

19 Read the article on the TGV on page 61 and answer these questions:
   a Why has commercial success been just as important as technical success?
   b What will be the differences in train colours on different sections of the TGV network?
   c What plans does the SNCF have for the future of the TGV?
   d What is the implication of the last sentence of the article?

20 Read the instructions for rail travellers (*on page 62*) and answer these questions:
   a What two reasons are given for travelling in the blue or white periods?
   b Why is the purchase of a seat reservation recommended?
   c Which platform does the train for Rouen leave from?
   d Having wisely bought your ticket in advance, how do you make it valid for this particular journey?
   e In what two places may you be able to find out where your reserved seat is?

21 What aspect of the British attitude to railways do some French people admire, and why? (*See page 63*)

22 Faites un débat dans votre groupe à propos de la thèse suivante: 'En ce qui concerne les chemins de fer, les Britanniques se tournent vers le passé pour conserver une de leurs gloires historiques, tandis que les Français se tournent vers l'avenir pour créer une nouvelle gloire.'

5   Boire et manger

1 Read the article by Patrick Lefort on page 65 and answer these questions:
   a When, according to Senderens, did serious interest in eating start, and what was its main feature?
   b Why does he describe cooking as an art form?
   c What does he say about the appearance of the dishes he prepares?
   d How does Senderens philosophy affect the way he chooses and directs his staff?

2 Après avoir lu l'article de Zeldin, rédigez trois ou quatre questions que vous voudriez poser à un Français pour vérifier les idées exprimées dans l'article. (*Voir page 65*)

3 Imaginez ce que pensent ou disent les cuisiniers dont les photos paraissent à la page 64.

4 From your own experience of French people eating English food, which of the prejudices and opinions expressed on page 66 have you come across most frequently?

5 Read Paul-Michel Villa's article on p 66 and answer these questions:
   a What three ways of preparing meat dishes does he refer to?
   b What is the brand of sauce from those whose label he quotes?
   c What favourable remarks does he make about English cooking?
   d Why does he regard the 'pudding' as the peak of English gastronomy?
   e How, according to the author, is Christmas pudding made?

6 Écrivez une lettre à Paul-Michel Villa pour lui expliquer pourquoi ses remarques sur la cuisine anglaise vous paraissent injustes. Commencez ainsi:
      Monsieur,
C'est avec intérêt que j'ai lu votre article concernant la cuisine anglaise. Je tiens pourtant à vous signaler que . . .

7   En travaillant avec un partenaire qui joue le rôle d'un Français qui ne connaît pas bien le nourriture anglaise, décrivez-lui les produits anglais dont les photos sont à la page 67. Ensuite votre partenaire vous décrit les produits français. Parlez de la fabrication, de l'utilisation et du goût des produits.

8   Read the article *De l'eau dans le zinc* on page 68 and answer these questions:
  a   Why is it surprising that a bar in Paris should be devoted solely to the sale of bottled water?
  b   In connection with what other activities did Philippe Gandloff build up his water business?
  c   How does he explain the success of his bar?

9   Après avoir lu les deux articles des journaux anglais et la conversation entre M. Juniot et Mr. Hound (*voir page 69*), rédigez des questions que vous pourriez poser à des Français de 20 ans, de 45 ans et de 70 ans pour vous renseigner sur leurs habitudes en ce qui concerne la consommation de l'alcool.

10   Summarise the changing pattern of alcohol consumption in the two countries, drawing on the statistics given on pages 68 and 69 and on your own experience.

11   In what ways does your daily pattern of eating differ from the French format. What advantages or weaknesses can you see in the structure of the French eating day? (*See page 70*)

12   Rédigez un questionnaire que vous pourriez donner à des Français pour confirmer les idées exprimées par Théodore Zeldin. (*Voir page 70*)

13   To what extent do you think that the extract from *Triolo* and the comments made by French people on page 71 give a correct impression of English eating habits?

14   Préparez une explication à l'intention d'un ami français des différences entre les habitudes culinaires de votre génération et celle de vos parents.

15   Décrivez les meubles et les couverts des deux salles à manger (*page 72*) en attirant l'attention de votre partenaire sur les différences qui sont reconnaissables.

16   The British pub and the French café fulfil different social purposes (*See pages 73 and 74*). Pick out the three or four which seem to you to be the most significant.

17   Do you agree with the useful information given on page 74 for French visitors to a British pub. If there is any other practical advice you would like to give, write another sentence or two in French.

18   Organisez un débat dans votre groupe sur la question des heures restreintes d'ouverture des pubs anglais par rapport aux cafés en France.

19   When you have read the *guide du savoir-vivre* for an Englishman in France (*see page 75*), pick out the element which surprises you most and the advice you think the most important.

20   Pour le Français qui vient en Grande-Bretagne, ajoutez deux ou trois autres petits conseils qui l'aideront à paraître poli et bien élevé.

21   D'après votre expérience personnelle en France, ou avec des visiteurs français chez vous, racontez à votre partenaire l'incident à table qui vous a le plus amusé/gêné/agacé.

6   L'*éducation*

1   The diagrams of the two education systems on pages 76 and 77 are mainly given for you to refer back to when you are reading the other articles in this chapter. As a preliminary exercise, make a note of the four most striking differences between the two systems.

2   From the article on page 78 about the work of Jules Ferry, write down the three most important differences between the educational systems in France and Britain.

3   In his article on page 79, Bernard Emont naturally draws attention to aspects of the British system which will appear strange to a French reader. Answer these questions:

   a Why are there four Ministries responsible for education in the United Kingdom?
   b Where do local authorities get their money from to run the education service?
   c To what areas of local autonomy does he draw attention?
   d What does he claim to be the basic justifications for the Conservative government's reforms?
   e What are the four main targets of the critics?

4 Ajoutez un paragraphe en français à l'article de Bernard Emont pour résumer les changements qui ont été accomplis depuis la publication de ce livre.

5 Imaginez que vous recevez chez vous une institutrice française. Préparez des questions que vous pourriez lui poser pour découvrir si les remarques faites par l'instituteur anglais à la page 80 sont justes.

6 Read Françoise's letter to Martine (*see page 81*) and answer these questions:
   a What has been a big surprise for Françoise on settling in England?
   b What arrangements has she been able to make for Jean-Pierre?
   c Why does Françoise find that the pre-school arrangements for her children have an effect on her life?
   d In what ways has her opinion of the French education system changed?

7 **a** What aspects of his experience in an English school (*see page 82*) does Jean-Bernard Wasselin appear to find preferable to his own school in France?
   b Why do you think he concludes by preferring his own school?

8 Make a list of the references and points of style which suggest to you that Jean-Noël Fournier is making fun of the British attitude to corporal punishment. (*See page 82*)

9 Essayez d'expliquer à un Français pourquoi les Britanniques ont retenu le châtiment corporal pendant si longtemps.

10 Although the educational process is broadly similar in the two countries, there are many differences of detail in people's rôles within a secondary school. Study *Qui fait quoi au collège en France* on page 83 and answer these questions on points of detail:
   a Which two jobs do not exist as such in a British school?
   b What does the French Head not do although many British Heads do?
   c What strikes you as the main difference in the conditions of service of teachers?
   d French parents have a statutory rôle which is different from their English counterparts. What is it?
   e What 'freedom' do French pupils enjoy which many British pupils do not have?

11 Quand vous aurez étudié le calendrier et l'emploi du temps des deux élèves, lisez avec un partenaire la conversation à la page 85. Après, continuez le débat pour essayer de persuader votre partenaire que vous êtes plus à plaindre que lui/elle.

12 Looking at the life of a teacher in France, as presented on page 86 by Pierre, what features do you find surprising?

13 Poursuivez l'idée de Pierre à la fin de la conversation. Du point de vue des professeurs, quels seraient les aspects à retenir de chaque système actuel?

14 Regardez les annonces à la page 87 et expliquez à un professeur français ce qu'il devrait faire s'il voulait se faire nommer à un des postes.

15 Answer these questions about the *baccalauréat* examination (*see page 88*)
   a Why does the author call this examination *un solide gaillard*?
   b When is the examination held and under whose auspices?
   c Why is the *bac* so important for a French student?
   d What is the impact of the *bac* on family life in the year preceding the actual examination?
   e How is the candidate's morale sustained?
   f What does the author mean by the last sentence?

16 Study the extract from the timetable on page 88 and decide which *filière* you would choose if you were in the French system. What are the main differences between what you do now and what you would do in France?

17 What are the main features of life in a *lycée* which Maryse Perez now misses (*see page 88*)? To what extent is this also true of your own experience of the British system?

18 Expliquez à votre partenaire, qui joue le rôle d'un Français de votre âge, pourquoi vous préfériez être élève, ou bien dans un *Sixth Form College*, ou bien dans un *Tertiary College*, ou bien dans le *Sixth Form* d'un collège traditionnel (destiné à des élèves de 11 à 18 ans).

19 Si les élèves d'un lycée français venaient passer une journée dans votre établissement, quelles observations feraient-ils, pensez-vous?

20 Summarise the main differences between the British and French methods of gaining a place at university (*see page 91*). Which do you prefer?

21 The conversation on page 92 between Derek and Perrine highlights some major differences of attitude between academically able pupils in the two countries. Summarise these in note form.

22 Poursuivez à deux la conversation entre Derek et Perrine mais cette fois c'est à Derek de justifier et d'expliquer son attitude envers les études universitaires en Grande-Bretagne.

23 Imaginez ce que vous diriez à Paul-Michel Villa pour lui expliquer pourquoi son reportage sur Oxbridge est démodé. (*Voir page 94*)

24 Looking back over the entire chapter, in which educational system would you prefer your own children to be educated? If the transferability from one country within Europe to another becomes generally accepted after 1992, how would you construct an educational experience drawing on the best of both systems?

7   Sports

1 Based on the article *'Le coq sportif'* and on the statistics provided on page 95, summarise the changing attitudes to sport in France over recent years.

2 Test yourself against the *Parcours du Cœur* document on page 96 and see how well you are doing in relation to your physical condition.

3 What aspects of the Boat Race (*see page 97*) strike the French as being rather strange?

4 Imaginez que vous devez expliquer à un Français l'essentiel des commentaires de David Alexander sur *Royal Ascot*. (*Voir page 97*)

5 To what extent has your own experience of school sport coincided with the changing attitudes suggested in the opening paragraphs of page 98?

6 Votre partenaire joue le rôle d'une Française qui ne comprend pas tout à fait l'article d'Isobel Williams à la page 98. Elle vous pose des questions et vous lui donnez des explications supplémentaires.

7 Comparing the *Hit-parade des sports* in the two countries on pages 95 and 98, what main differences strike you?

8 Faites un sondage dans votre groupe pour créer votre liste de sports préférés.

9 Explain how the *Tour de France* has become such a major national event. (*See page 99*)

10 How many different products can you identify in the selection of sponsors shown on page 99?

11 En consultant la carte du Tour de France (*voir page 100*) et en travaillant à deux, imaginez que vous interviewez un des coureurs. Demandez-lui quels succès il a eus à certaines dates, comment il a voyagé de Bordeaux à Bayonne, quels obstacles il a dû surmonter etc.

12 What phrases in the Major Thompson extract on page 101 suggest that he is criticising the French obsession with the *Tour de France*?

13 Read the article on *pétanque* on page 102 and answer these questions:
   a What is the suggested origin of the word *pétanque*?
   b Why does the writer compare the posture of the players to that of Greek athletes?
   c Why do some players let their bowls go rusty?
   d Why do some players fill the hollow interior of their bowls?
   e In what countries are bowls manufactured?
   f What do the rules say about removing obstacles which are on the pitch?
   g What three words are mentioned for the 'jack'?
   h What is the tactical difference between *pointer* and *tirer*?
   i Why is the achievement of a *carreau* particularly applauded?

14 Imaginez que vous êtes James. Après avoir consulté à la bibliothèque l'article sur l'origine du jeu des fléchettes (*voir page 103*), vous résumez pour lui les points principaux.

15 Describe the context in which Paul-Michel Villa wrote his impressions of cricket on page 104.

16 En travaillant avec un partenaire qui joue le rôle d'un Français, essayez de lui expliquer les règles du cricket. Pour les termes techniques, employez les mots anglais (batsman, bowler etc) mais essayez de vous faire comprendre en français, dans la mesure du possible!

17 What does Paul-Michel Villa find remarkable about the references to Monty?

18 Imaginez que vous rencontrez l'auteur de cet extrait. Expliquez-lui comment le jeu de cricket s'est développé récemment de sorte qu'il n'est plus vrai de dire 'qu'il refuse de flatter bassement le goût contemporain pour les excitations superficielles.'

8   Les loisirs

1 D'après les chiffres donnés à la page 105, imaginez une conversation entre un Français et un Anglais qui s'interrogent sur leurs habitudes et préférences en ce qui concerne la télévision, la radio, le magnétoscope et l'ordinateur.

2 Based on the articles on pages 106 and 107 explaining the background organisation of television, summarise the main philosophical differences between the approach in the two countries.

3 Faites un débat dans votre groupe sur le sujet suivant: 'La liberté d'un pays dépend de l'indépendance des média.'

4 Read through the programmes for March 24th, 1987 (*see pages 108 and 109*) and draw your own conclusions on the differences in:
   a the timing of programmes for the young;
   b school television;
   c peak viewing times;
   d the level of competition and cooperation between the different channels.

5 Préférez-vous la présentation française ou anglaise des programmes de télévision (par exemple, la façon de commenter et résumer les films (pages 110–111)). Justifiez votre point de vue en parlant avec un partenaire.

6 Pensez-vous que les compagnies de télévision et les rédacteurs des magazines devraient donner des conseils aux parents en ce qui concerne le contenu des programmes ou préféiez-vous laisser les gens libres de choisir pour eux-mêmes? Justifiez votre point de vue en débattant le sujet en classe.

7 Read the article on page 112 and answer these questions:
  a What main criticisms are made by adults of the influence of television on young people?
  b What particular anxiety is expressed by the teachers quoted?
  c What is the reaction of young people to these worries?

8 Faites dans votre groupe le sondage de Phosphore-Le Point (*voir page 113*) et discutez entre vous des ressemblances et différences qui paraissent dans vos réponses.

9 Imaginez que vous êtes un sociologue qui exprime les pensées du chat de Jacques Faizant (*voir page 114*). Que diriez-vous sur l'influence de la télévision sur les habitudes sociales?

10 Summarise the main differences in the way radio broadcasting has evolved recently in the two countries. (*See pages 115–116*)

11 Imaginez une conversation entre un Français et un Anglais à propos de la radio. Le premier explique pourquoi il aime écouter la radio si souvent tandis que le dernier donne ses raisons pour ne pas écouter beaucoup la radio.

12 In what ways does Eric Rohmer's attitude towards the showing of his films on television differ from what you would expect, and what is your opinion of his ideas? (*See page 117*)

13 What was the purpose of the *Tube* presentation (*see page 117*) and how successful do you think it would be in this country?

14 Summarise Gérard Lefort's opinion of *Le Rayon Vert*. (*See page 118*)

15 Expliquez à un ami pourquoi, à votre avis, le nombre de spectateurs au cinéma en Grande-Bretagne a beaucoup diminué depuis 1960. (*Voir page 118*)

16 Imaginez que vous parlez avec un ami français à propos d'un film anglais que vous avez beaucoup apprécié et qui contredit l'opinion exprimée par Nicholas Wapshott. (*Voir page 119*)

17 Si vous avez déjà vu un ou plusieurs des films dans le guide des cinémas à la page 119, recommandez-les à un ami en résumant l'intrigue et l'attrait principal du film.

18 Read the article on the French press on page 120 and answer the following questions:
  a What has been the general trend over the past 40 years?
  b What reasons are suggested for this?
  c What steps have been taken to change this situation?

19 Summarise the main ways in which the British press differs from the French.

20 Expliquez à un ami français les raisons pour lesquelles le *Radio Times* et le *TV Times* sont moins vendus que les magazines de télévision en France.

21 Summarise the development of *Minitel* in France (*see page 121*). Why do you think a similar development has not taken place in Britain?

22 The newspaper distribution system in the two countries is quite different. How do you think this affects the public's attitude towards newspapers? (*See page 123*)

23 Inventez la réponse de Karine qui écrit à Emma pour lui demander des renseignements et des précisions sur son travail comme *paper girl*. (*Voir page 123*)

24 When you have read the conversation on page 124 between Anne and Jill, answer these questions:
  a What is the main problem Anne faces as a librarian in France?
  b How different is the situation in Britain?
  c What appears to inhibit the French in their use of libraries?
  d What, according to Jill, is the fundamental difference between the British and French attitudes to reading?

25 Faites un sondage dans votre groupe sur les goûts de lecture, en vous servant du tableau à la page 124 comme point de départ.

26 In his article on page 125 about Anita Brookner, Claude Roy includes a number of typically French attitudes towards the British. Make a list of these and decide within your group which are justified and which are no longer true.

9 La Politique

1 What is the symbolic significance of the woman who appears on French stamps and in every French town hall? (*See page 126*)

2 Explain the meaning of the colours of the French flag. (*See page 126*)

3 What is the main difference between the Head of State in France and in the United Kingdom? (*See page 126*)

4 Explain the new political situation which arose in France after the general election in March 1986. (*See page 126*)

5 Dans quelle mesure est-ce que l'élection présidentielle de mai 1988 et les élections législatives de juin 1988 ont changé la situation politique en France?

6 When you have studied the text on *Le Parlement* on page 127 answer these question;
  a What is the main constitutional difference between the *Assemblée Nationale* and the House of Commons?
  b What is the main architectural difference?
  c What is the main constitutional difference between *Le Sénat* and the House of Lords?

7 En travaillant avec un partenaire, prenez chacun le rôle d'un Français et d'un Anglais que essaie de justifier le système parlementaire de son pays.

8 Imaginez que vous expliquez à un Français le vrai rôle du monarque britannique et en quoi il diffère de ce que la plupart des Français lisent dans la presse populaire en France. (*Voir page 128*)

9 Explain the different outcomes of the French and English executions of their kings in 1793 and 1649 respectively. (*See page 129*)

10 Expliquez à un Français pourquoi la disposition des sièges dans la Chambre des Communes implique une mentalité parlementaire qui diffère de celle qu'on voit au Palais Bourbon à Paris. (*Voir page 128–129*)

11 The practical arrangements for voting are different in the two countries. Make a list of the differences e.g. day of the week, time, place and method of voting. (*See pages 130 and 133*)

12 What are the most important differences between the electoral calendars of the two countries? (*See pages 130 and 133*)

13 What fate awaits a person convicted of fraudulent voting in France? (*See page 131*)

14 Explain the difference between direct and indirect voting. (*See page 132*)

15 Using the information given on page 132 and the example from the Lot in 1983, explain how the *scrutin à deux tours* works.

16 Why does Paul feel sorry for the SDP-Liberal Alliance? (*See page 133*)

17 Why is Paul surprised to hear that there is an appreciable advantage in the two-party system and what, according to John, is that advantage?

18 Continuez la conversation en développant l'idée de Paul, à savoir que le scrutin proportionnel serait plus démocratique que le système actuel en Grande-Bretagne.

19 Pendant un séjour en France, vous faites la connaissance d'un maire. Expliquez-lui en quoi le rôle d'un maire anglais diffère du sien. (*Voir page 134*)

20 In what ways does the administrative pattern in France appear to be changing? (*See page 134*)

21 Imaginez que vous parlez avec un jeune Français qui voudrait en savoir plus sur les responsabilités administratives en Grande-Bretagne. Expliquez-lui lequel des *councils* est responsable pour:
a les écoles **b** les universités **c** les hôpitaux **d** la collecte des poubelles **e** la réparation des routes **f** l'éclairage des rues **g** les bibliothèques **h** la police **i** le logement **j** les transports publics.

22 Expliquez à un Français le message principal qui ressort du tableau à la page 136.

23 What apparent contradiction in local/central government responsibilities is highlighted in the last paragraph on page 136?

24 Pick out the main stereotypes of the upper-class Conservative voter as depicted in the article on page 137 written by Pascale Hugues.

25 Écrivez une lettre au rédacteur de *Libération* pour protester contre cet article en expliquant pourquoi le portrait qu'il fait n'est plus vrai de nos jours.

26 When you have read the summaries on pages 138–141 of the political programmes in France and the United Kingdom, answer these questions, giving your reasons: Which party in France would probably be supported by:
a a Conservative voter;
b a Labour voter;
c a Social and Liberal Democratic voter.

27 Imaginez que vous parlez avec des Français de différentes tendances politiques. Vous voulez trouver pour eux le parti plus ou moins équivalent en Grande-Bretagne. Qu'est-ce que vous recommanderiez, et pourquoi, à un adhérent
a du parti socialiste.
b de l'U.D.F.
c du R.P.R.
d du Front national.

28 What seem to you to be the main differences between the party systems in the two countries?

29 Quelles conclusions tirez-vous des chiffres dans le tableau à la page 142?

"Vive Londres et vive le célèbre humour anglais!

Une nation capable de couvrir un gigot d'agneau de sauce à la menthe, même quand ce n'est pas le premier avril, mérite le plus profond respect.

Et, puisque nous sommes déjà dans la viande et le poisson, passons à la farce. Quelle farce! Vous connaissez le haggis? De la panse d'agneau farcie. Si jamais on vous en propose, suivez mon conseil: refusez. Le chef écossais qui avait concocté ce chef d'oeuvre de monstruosité culinaire était planté tout fier à mes côtés; impossible donc de ne pas y croquer juste du bout des dents. Je me suis quand même débarrassé de quelques bouchées sous la table en faisant semblant de relacer mes souliers. Malheureusement, je n'en avais que deux. Mais je m'en suis remis... tout juste.

L'autre jour, je sors d'un restaurant de Covent Garden, affamé (vous avez déjà dégusté la cuisine anglaise?) et fauché (vous avez vu les prix?) je décide d'utiliser mes derniers pennies pour appeler un ami suisse (en direct) et qu'est ce qu'il me sonne?

'Tiens, bonjour. Dis, tu ne pourrais pas tirer le fil de ton coté; il est un peu trop long par ici!'

Bizarres ces Suisses, presque autant que les Anglais.

En fait, j'adore Londres. Et pourtant...Il y a quelques années, j'ai dû déambuler dans les rues de la capitale déguisé en Prince Charmant pour l'émission de Jacques Martin Petit Rapporteur.

Mon gros problème, c'est le temps, ou plutôt l'été anglais comme on dit ici (encore leur humour, je suppose).

Il pleut souvent et il pleuvait ce jour-là. J'en avais vraiment assez. De tout. Je me trouve donc une cabine et j'appelle SOS Fraternité à Paris.

'Allo SOS Fraternité?'

'Oui...'

'SOS Fraternité, ecoutez: ma femme m'a quitté, les Coco Girls m'ont quitté, mon chien m'a quitté...'

'Allo? Oui, ici SOS Fraternité...Ne quittez pas!'

Pas de doute: rien de tel qu'un petit coup de fil pour vous remonter le moral.

C'est bien connu: les Anglais sont plein de tact et très polis. Un exemple: je me trouve dans un club et je décide d'appeler un copain en plein milieu de la nuit.

'Salut, je ne te réveille pas, j'espère?'

'Non, pas du tout, la sonnerie l'a fait avant toi.'

Je ne pense pas que mon impresario puisse être aussi poli. Il ne me téléphone jamais à Paris quand il est à Londres car il trouve que c'est trop cher. Ne lui dites rien.

Vive le téléphone! Mais soyons prudents. A une époque, le téléphone me stressait tellement que je n'osais pas le décrocher quand il sonnait. Je me suis offert quelques séances de psychanalyse depuis.

Ça va mieux. En fait, maintenant je le décroche, même quand il ne sonne pas.

C'est tout pour aujourd'hui. Bon séjour. N'envoyez pas de cartes postales, téléphonez! Ecririez-vous à l'horloge parlante pour connaître l'heure? Bisous et à bientôt."

PRENEZ LE TELEPHONE.

British **TELECOM** International

Questions *générales pour terminer*

1 Si vous pouviez choisir de vivre dans l'un ou l'autre des deux pays que nous avons comparés dans ce livre, pour quel pays opteriez-vous et pourquoi?

2 Imaginez que vous tombez amoureux(se) d'un(e) Français(e) et vous décidez de vous marier. En travaillant avec un(e) partenaire qui joue le rôle de votre futur(e) époux(se), inventez la conversation au cours de laquelle vous le/la persuadez de venir vivre en Grande-Bretagne.

3 It is sometimes said that there are more differences within one country than there are between countries. Looking back over some of the topics in this book, can you think of examples which support that point of view?

4 **a** Look at the British Telecom advert and pick out the stereotypes portrayed.
  b Ensuite, expliquez à un Français pourquoi de telles attitudes sont démodées.

GLOSSAIRE

1 Du berceau à la tombe

abîme. *m*.. abyss, chasm
aborder. to approach, to accost
acte (de naissance). *m*.. birth certificate
affaire. *f*.. **ce n'est pas une mince affaire**. it's no small matter
afficher. to exhibit, to display
allocation. *f*.. allowance, benefit
appareil. *m*.. machinery, apparatus
arrêté. *m*. order
aube. *f*.. alb. long white dress
avortement. *m*.. abortion
bilan. *m*.. checkup
brassard. *m*.. armband
caveau. *m*.. tomb
ci-joint. enclosed
compas. *m*.. (pair of) compasses
compte à rebours. *m*.. countdown
connaissance. **prendre connaissance**. to read
consacré. time-honoured
convenir. to suit
crêpe (de deuil). *m*.. black mourning crepe
décontracté. relaxed, cool
décret. *m*.. decree
dérouler. **se dérouler**. to take place
désabusement. *m*.. disillusionment
diable. *m*.. devil
diffuser. to broadcast
dispense. *f*.. dispensation
douter. **se douter de qch**. to suspect, to imagine
échapper (des mains de qqn). to slip from sb's hands
éclipser. **s'éclipser**. to slip away
école laïque. state school
égarer. to mislay
émission (de télévision ou de radio). *f*.. programme, broadcast
enseignement. *m*.. education
épouse. *f*.. wife, spouse
épouvantable. terrible
époux. *m*.. husband, spouse
épuisé. exhausted
espérance (de vie). *f*.. life expectancy
éventuel. possible
éventuellement. possibly
exiger. to demand, to require
faire-part. *m*.. announcement
fantasme. *m*.. fantasy
fiançailles. *fpl*.. engagement
fidèle. *m*./*f*.. believer, faithful
fidèles (les). the congregation
fiançailles. *fpl*.. engagement
flottement. *m*.. imprecision, vagueness
foi. *f*.. faith
funérailles. *fpl*.. funeral
funéraire. funeral
gardien de la paix. *m*.. policeman
gâté. spoiled
grouillement. *m*.. swarming
insensible. insensitive
installer. to settle, to get settle
jouir de. to enjoy
klaxonner. to hoot (one's horn)

laïcs ou laïques (les). *m*.. laymen, the laity
laïciser. to secularize
laïcisation. *f*.. secularization
laïque. non-religious
ligne. *f*.. figure
livret de famille. *m*. family record book
loi. *f*.. law
majeur. of age
manœuvre. *m*.. labourer
marge. **en marge de**. on the fringe of
membre à part entière. *m*.. full member
mettre à jour. to bring up to date
moins. **à moins de**. barring
navré. distressed, upset
nœud. *m*.. bow
œuvres sociales. *fpl*.. welfare
officier de l'état civil. *m*.. registrar
ondulé. wavy
ordination sacerdotale. *f*., priesthood
ordonner. to ordain
par souci de. out of concern for
parcours. *m*.. journey
passer un examen médical. to have a medical (examination)
passible de poursuites pénales. liable to legal proceedings, to run the risk of prosecution
poilu. hairy
pouponnière. *f*.. day nursery, creche
pratique (religieuse). *f*.. church attendance
procureur (de la République). *m*.. state prosecutor
rasé. (clean-)shaven
renouveau. *m*.. revival
rigueur. **être de rigueur**. it is the done thing
se dessiner. to become apparent
se précipiter. to rush forward
siéger. to sit
sondage. *m*.. opinion poll
taux. *m*.. rate
témoin. *m*.. witness
tenir à. to value, to be keen on
timbale. *f*.. cup, tumbler
tranche. *f*.. slice
usage. *m*.. custom
vacarme. *m*.. din, racket
verser. to pay
vin d'honneur. *m*.. reception
vivacité d'esprit. *f*.. quickwittedness
vue, **en vue de**. *f*.. with the idea of **avoir en vue de**. to plan to do

2 Santé

abruti. stupefied
aisé. well to do, comfortably off
aisselle. *f*.. armpit
s'affoler. to panic
ampoule. *f*.. phial
anéantir. to destroy, to crush
s'astreindre. to force o.s. to
bas. *m*.. stockings
bas (en bas âge). young, small (child)
bricole. *f*.. trifle
briquer. to polish up
cabinet. *m*.. surgery

cachet. *m*.. stamp
cachet (d'aspirine). *m*.. tablet
caisse. *f*.. fund **caisse de la Sécurité Sociale**, Social Security Office
calmant. *m*.. tranquillizer
cas (le cas échéant). if the case arises
cerveau. *m*.. brain
compte. *m*.. **faire ses comptes**. to do one's account
conseil d'administration. *m*.. board of governors
cotisation. *f*.. contributions
cotiser. to pay one's contributions
cure. *f*.. course of treatment
cure (thermale). *f*.. a cure at a spa
se débiner. to do a bunk, to clear off
se dégrader. to deteriorate
deuil. *m*.. **être en deuil**. to be in mourning
diapason (être au). to be in tune with
échéant (le cas). if the case arises
effluve. *f*.. exhalation
s'employer (à). to apply, to devote o.s. to
enjeu. *m*.. **faire l'enjeu de**. to be at stake
essayage. *m*.. fitting
exprès. on purpose
feuille (de soins). *f*.. form
fiévreusement. feverishly, excitedly
financement. *m*.. financing
flacon. *m*.. bottle
foutre (le camp). to clear off
frais. *mpl*.. cost, expense
gélule. *f*.. capsule
guérison. *f*.. recovery
honoraires. *mpl*.. fee
impôt. *m*.. tax
incarner. to embody, to personify
lancer (un produit). to launch
lanterne. *f*.. **être lanterne rouge**. tail-ender
lave-linge. *m*.. washing machine
lavement. *m*.. enema
lever (un impôt). to levy
longue (à la longue). in time, eventually
maquillage. *m*.. make-up
marron. brown
minable. pathetic
monocorde. monotonous
mutuelle. *f*.. mutual benefit insurance company
nanti. equipped with
névrosé. neurotic
niveau. *m*.. **au niveau local**. at a local level
ordonnance. *f*.. prescription
pair. **aller de pair**. to go hand in hand
pansement. *m*.. dressing. **faire un pansement**. to dress a wound
pétrole. *m*.. crude oil
pièce (de théatre). *f*.. play
place. *f*.. **faire place à**. to give way to
plaie. *f*.. wound
se plaindre. to complain
poignée. *f*.. **par poignées**. in handfuls
préconiser. to recommend, to advocate
prestation. *f*.. allowance, benefit

rédiger, to write
regard, *m.*, **au regard de**, in the sight of
relais, *m.*, **prendre le relais**, to take over
rembourser, to reimburse
représentant, *m.*, representative
réprimé, repressed
retraite, *f.*, retirement, pension
rivé, riveted
sangloter, to sob
savonnette, *f.*, bar of soap
scène, *f.*, **mettre en scène**, to stage
se sentir, **se sentir bien dans sa peau**, to feel great
slip, *m.*, briefs, pants
soins (de secours), *mpl.*, first aid
sombrer, to sink
soutien-gorge, *m.*, bra
syndicat, *m.*, trade-union
ticket (modérateur), *m.*, patient's contributions
titre, **à titre privé**, in a private capacity
toucher, **ce qui touche à**, to have to do with
toucher (de l'argent), to draw, to get
se traîner, to shuffle along
tranquillisant, *m.*, tranquillizer
tromper, to deceive
vaisseau, *m.*, vessel
se vanter, to boast about, to pride o.s. on
vestimentaire, clothing
vignette, *f.*, price label
vitesse grand V, at high speed

3   L'année

asile, *m.*, sanctuary., refuge, heaven
atours, *mpl.*, attire, finery
augure, *m.*, **de bon augure**, to be of good omen   **de mauvais augure**, to be of bad omen
bâtisse, *f.*, building
bouchée, *f.*, **mettre les bouchées doubles**, to get stuck in, to put on a spurt
boudin, *m.*, pudding
brin, *m.*, sprig
bûche, *f.*, log
cadre, *m.*, (de vie) surroundings, setting
célibataire, unmarried
citadin, city dweller
coup, *m.*, (de fil) phone call
coupure, *f.*, break
croyance, *f.*, belief
défaut (à défaut), for want of
défiler, to parade
se déguiser, to dress up
déguster, to enjoy, to savour
dépaysement, *m.*, change of scenery
distance, *f.*, **prendre ses distances**, to stand aloof
domestiques, *mpl.*, servants, staff
donner signe de vie, to get in touch with
élu, chosen
s'endimancher, to dress up in one's Sunday best
ennui, *m.*, boredom
enquête, *f.*, survey
envahir, to invade
épargner, to spare sb sth

épingle, *f.*, **être tiré à quatre épingles**, to be dressed up to the nines
fève, *f.*, charm
fin du fin (le), the last word (in)
flambeau, *m.*, torch
fond en comble (de . . .), from top to bottom
friandise, *f.*, sweet
goûter, to taste
grignoter, to nibble
haïr, to hate
marron, *m.*, chestnut
mousseux, sparkling
moyen, average
moyens, *mpl.*, **on n'en a pas les moyens**, we can't afford it
muguet, *m.*, lily of the valley
organisé, **voyage organisé**, package tour
oser, to dare
s'ouvrir (un appétit), to give o.s. an appetite
pavé, *m.*, fig. hefty tome
pont, *m.*, **faire le pont**, to take an extra day off, to make a long week-end of it
raisins secs, *mpl.*, raisins
recours, **avoir recours à**, to resort to
redouter, to dread, to fear
réjouissances, *fpl.*, festivities
résumé, *m.*, summary
retaper, to do up
réveillon, *m.*, Christmas/New-Year's dinner
réveillonner, to celebrate Christmas/New-Year's eve with a meal
revue, *f.*, (militaire) review, march-past
rigueur, **être de rigueur**, it is the done thing
sauter (faire), to blow up
sorcière, *f.*, witch
tour à tour, one after another
tourbillon, *m.*, hustle and bustle
vœux, *mpl.*, wishes

4   Les transports

agglomération, *f.*, built-up area
aménager, to fit out
amende, *f.*, fine
amortissement, *m.*, paying off
animation, *f.*, entertainment
arrêter, to decide on
arrimer, to secure
atout, *m.*, asset
avancer (comme argument), to put forward
avertir, to warn.
bas-côtés, *mpl.*, verge
blocs sanitaires, *mpl.*, bathroom, toilet facilities
bouleversé, overwhelmed
calvaire, *m.*, fig. trial
capital social, *m.*, authorized capital
caserne, *f.*, barracks
céder (le passage), to give away
chapeau, *m.*, **sur les chapeaux de roue**, at top speed, like a shot
charge, *f.*, (financière) cost; **prendre en charge**, to take care of
cheval(à), astride

chevaucher, to straddle
combler, **combler un retard**, to make up lost time
composante, *f.*, component
confier, to entrust
consœur, *f.*, (lady) colleague
contourner, to by-pass
contractuel, *m.*, traffic-warden
contribuable, *m.*, taxpayer
coup d'œil, *m.*, **jeter un coup d'œil**, to glance
créneau, *m.*, **faire un créneau**, to reverse into a parking place
crouler, to collapse
démarrage, *m.*, **démarrage sec**, tearing off
dépassement, *m.*, overtaking
dépasser, to overtake
dépliant, *m.*, leaflet
désobligeant, offensive
détenir, to hold
élargissement, *m.*, widening
emboutir, to crush, to run into
embûche, *f.*, pitfall, trap
embuscade, *f.*, **être en embuscade**, to lie in ambush
emprunt, *m.*, loan
entraîner, to entail
entrevoir, to glimpse
épreuve, *f.*, test, ordeal
essence, *f.*, petrol
fascicule, *m.*, volume
ferroviaire, railway (adj.)
fin de compte (en . . .), in the last analysis
flèche, *f.*, arrow
fou du volant, *m.*, mad-cap driver
franchir, to cross
fréquenté, busy
grandeur nature, life size
hormis, save
impitoyable, merciless
jouir de, to enjoy
klaxon, *m.*, horn
liaison, *f.*, link
lien, *m.*, connection, link
maillage, *m.*, net
marchandises, *fpl.*, goods
matière, **en matière de**, as far as, as regards
mettre en question, to challenge
mirobolant, fabulous, fantastic
mise en place, *f.*, setting up
motrice, *f.*, motor unit
onéreux, costly
parcours, *m.*, journey
passionné, fanatic
pâturage, *m.*, pasture
péage, *m.*, toll
peloton, *m.*, (de tête) group, leaders
péniche, *f.*, barge
perception, *f.*, collection
permis, *m.*, licence
phare, *m.*, **faire un appel de phare**, to flash one's headlights
porter sur, to focus on
prendre (des mesures), to take steps
se présenter, to look, to appear
prévoir, to foresee, to forecast

prouesse, *f.*, feat
quitte à, even if it means
ralentissement, *m.*, slowing down
règlement, *m.*, rules
rejoindre, to catch up with
requin, *m.*, shark
réseau, *m.*, network
ressentir, to feel
se restaurer, to take some refreshment
siège, *m.*, headquarters
soulagement, *m.*, relief
soutien, *m.*, support
se tirer, to manage
tracé, *m.*, layout, plan
trajet, *m.*, journey
valable, valid
vitesses, *fpl.*, gears
vitrine, *f.*, display case, show case

5   Boire et manger

accommoder, to prepare
allure, *f.*,   **prendre des allures**, to look
batavia, *f.*, webb lettuce
bec, *m.*,   **rester le bec dans l'eau**, to be
   left high and dry
bouffe, *f.*, grub
cabulot, *m.*, péj. pub
charcuterie, *f.*, cooked pork meat
confiance, *f.*,   **faire confiance à**, to trust
coude, *m.*, elbow
coup, *m.*,   **boire un coup**, to have a drink
draguer, to chat up
écorce, *f.*, peel
engager, to take on
enseigne, *f.*, sign
enseigner, to teach
entasser, to pile up
entracte, *m.*, interval
foie, *m.*, liver
frisée, *f.*, endive
grignoter, to nibble
hachis, *m.*, mince
houx, *m.*, holy
kir, *m.*, white wine and raspberry liqueur
laitue, *f.*, lettuce
se lasser, to grow weary of
louange, *f.*, praise
mâche, *f.*, corn salad
marier, to harmonize
mets, *m.*, dish
moelle (de bœuf), *f.*, beef marrow
mœurs, *mpl.*, customs
panaché, *m.*, shandy
péché, *m.*, sin
place, *f.*,   **sur place**, on the spot
poignet, *m.*, wrist
poivrier, *m.*, pepper pot
pouce, *m.*,   **manger sur le pouce**, to have
   a quick snack, to have a bite to eat
pression, *f.*,   **bière pression**, draught beer
pruneau, *m.*, prune
ragoût, *m.*, stew
se rattraper, to make up for it
recenser, to register
remue-ménage, *m.*, hurly-burly
se renseigner, to find out

résistance, *f.*,   **plat de résistance**, main
   course
resservir, to serve up again
rognon, *m.*, kidney
rouge,   **du gros rouge**, plonk
salière, *f.*, saltcellar
scarole, *f.*, endive
tant,   **tant bien que mal** so . . . so, as well
   as can be expected, as well as one can
tenancier de bar, *m.*, manager
veillée, *f.*, evening
venant, *m.*,   **le tout venant**, the rag-tag
   and bobtail, the hoi polloi

6   L'éducation

abriter, to shelter, lodge
aborder, to raise, tackle
ancienneté, *f.*, seniority
arraché,   **à l'arraché**, by a hair's breadth
arrondir les fins de mois, to make ends
   meet
assiégé, besieged
assuré, guaranteed
atteindre, to reach, attain
au-delà, beyond
avouer, to confess
approfondir, to deepen
attrait, *m.*, attraction
bachoter, to swot
badine, *f.*, cane
bagne, *m.*, prison,   **quel bagne!** what a
   drag!
barème, *m.*, marking-scheme, check-list
cadet, *m.*, younger person
cadre, *m.*, setting
carrément, outright
carrière, *f.*, career
cible, *f.*, target
chahuter, to make a din
chargé, loaded
châtiment, *m.*, punishment
clé de voûte, *f.*, corner-stone
comptes, *m.*, accounts
conduite, *f.*, conduct, behaviour
confessionnel, denominational
contenter, se – de, to make do with
contrôler, to check
convoquer, to call for interview
cours particulier, *m.*, private lesson
Dame de Fer, *f.*, Iron Lady
débrouiller, se –, to manage
découpé, cut up
dédales, *m.*, labyrinth
détendu, relaxed
dossier, *m.*, project
échelle, *f.*, ladder
échelon, *m.*, rung
effondrer, s' –, to collapse
élu, *m.*, representative
en deça de, on this side of
enfer, *m.*, hell
envergure, *f.*,   **de grande –**, wide-ranging
exigeant, demanding
fesser, to cane
foi, *f.*, faith
fonctionnaire, *m.*, civil servant

formation, *f.*, training
fouetter, to whip
fournitures scolaires, *f.*, school equipment
gâté, spoilt
gérer, to manage
gestion, *f.*, management
gravir, to climb
grossièrement, crudely
honte, *f.*, shame
houleux, stormy
indemnité, *f.*, extra pay
informatique, *f.*, computing
intégrer, to get in
interdiction, *f.*, prohibition
laïc, laïque, lay, secular
lien, *m.*, link
marrant, funny
matière, *f.*, subject
métier, *m.*, trade, profession
moral, *m.*, morale
morale, *f.*, ethics, morality
mutation, *f.*, change of post
niveau, *m.*, level
nommer, to appoint
orgueil, *m.*, pride
personnel, *m.*, staff
plaindre, se – de, to complain about
plainte, *f.*, complaint
polémique, *f.*, argument
prédire, to foretell
preuve, *f.*, proof
quasiment, virtually
récompense, *f.*, reward
régi, directed
revendication, *f.*, demand
salle paroissiale, *f.*, parish hall
serrer les dents, to grit one's teeth
sommaire, brief, succinct
souci, *m.*, anxiety
soutien, *m.*, support
soutenu, supported
subir, to put up with, undergo
subvention, *f.*, subsidy
surnom, *m.*, nickname
syndicat, *m.*, trade union
travaillistes, *m.*, Labour Party
vilain garnement! naughty boy
viser à, to aim to
voué à, destined to

7   Sports

accoler, to place side by side
acharné, relentless, fierce
acier, *m.*, steel
s'adonner à, to devote o.s. to
ambiance, *f.*, atmosphere
s'assembler, to gather
astucieux, shrewd
bassement, basely
bon enfant, good-natured
boueux, muddy
bourrer, to stuff
boyau, *m.*, tubing
but, *m.*,   **avoir pour but**, to aim to
cachet, *m.*, stamp, mark, character
canonnier, *m.*, gunner

canot, *m.*, rowing boat
chahuter, to rag, to tease
cible. *f.*, target
circulation. *f.*, traffic
cochonnet, *m.*, jack
courant, everyday
creux, hollow
criard, garish, loud
crotté, covered in mud
culotté, with trousers on
se dandiner, to lollop from side to side
défilé, *m.*, **défilé de mode**, fashion show
dégager, to radiate
au-delà, beyond
déloger, to dislodge
déroulement, *m.*, progress
se dérouler, to take place
divertissement. *m.*, entertainment, recreation
égal, even
électro-ménager, *m.*, household appliances
émérite, highly skilled
enjeu, *m.*, stake
équipage, *m.*, crew
étape, *f.*, stage
fait, **en fait de**, by way of
farcir, to stuff
fil, **au fil de**, with the passing . . .
gaillard, *m.*, strapping fellow
gazon, *m.*, lawn
gêner, to be in the way
hausse (en), increasing
inciter, to encourage
individu, *m.*, fellow
innombrable, innumerable, countless
jaillir, to burst forth
lustré, glossy
lutte, *f.*, fight
maillot, *m.*, jersey
malin, cunning, smart
maréchal, *m.*, field marshal
musarder, to dawdle
octroyer, to grant, bestow
pantoufle, *f.*, slipper
paume, *f.*, palm
peloton, *m.*, pack, main body of riders
peau, *f.*, **être bien dans sa peau**, to feel great
picorer, to peck
plein-air, out-door
pointer, to roll
propre à, specific
ramer, to row
ras, short
régime, *m.*, discipline, diet
renouveler, to renew
rompu, accustomed to
rouille, *f.*, rust
rugueux, rough
sacro-saint, sacrosanct
silhouette, *f.*, figure
surmonter, to overcome
sympathique, friendly
tirer, to throw
tumulte, *m.*, commotion
vanter, to extol
velours, *m.*, velvet
violent, strenuous

8   Les loisirs

TÉLÉ/RADIO/CINÉMA

accaparer, to monopolize
aoûtien, *m.*, August holiday-maker
appauvrissement, *m.*, impoverishment, degeneration
appel (sans.), final
bagne, *m.*, **quel bagne!** it's a hard grind
bavarder, to chat
bilan, *m.*, assessment
bistrot, *m.*, pub
cagnotte, *f.*, kitty
câlin, *m.*, cuddle
cancre, *m.*, dunce
chaîne, *f.*, channel
concurrencer, to compete
consacré à, devoted to
copie, *f.*, sheet of paper
déchaîné, unbridled, unleashed
démarrer, to start
diffusion, *f.*, distribution
divertissement, *m.*, entertainment
dragueur, *m.*, bloke who is always after the girls
écran, *m.*, screen
égratigner, to have a dig at
engueulade, *f.*, row
enrayer, to stop
feuilleton, *m.*, serial
foutre. **fous-moi la paix**, clear off!
gestion, *f.*, management
lieu, **en dernier lieu**, lastly
magnétoscope, *m.*, video taperecorder
mine de rien, casually
onde, *f.*, wave
ordinateur, *m.*, computer
orthographe, *f.*, spelling
outre, as well as
probant, convincing
raison, **à tort ou à raison**, rightly or wrongly
recourir à, to resort to
récréation, *f.*, break
récupérer, to recover
redevance, *f.*, licence fee
remontée, *f.*, recovery
revenir, to amount to, to come to
revenu, *m.*, income
ronronner, to purr
sensibilisé, sensitive to
sortie, *f.*, release
surcroît (de . . .), moreover
tampon, *m.*, buffer
tocard, *m.*, dead loss, useless twit

LIRE

abonnement, *m.*, subscription
alentours (aux), round about
annonce, *f.*, message
annuaire, *m.*, directory
avouer, to admit
babord [à], to port
bande dessinée, *f.*, comic strip
bibliothécaire, *m. ou f.*, librarian
bourse, *f.*, stock exchange
brancher, to plug in, to connect up
broncher (sans broncher), without flinching

candide, naive
chamade, *f.*, **battre la chamade**, his/her heart was pounding, beating wildly
se débarrasser, to get rid of
se débrouiller, to manage
diffusion, *f.*, circulation
dominical, Sunday-
emprunter, to borrow
entamer, to start
espion, *m.*, spy
florissant, flourishing
gêne, *f.*, embarrassment
grogner, to growl
horaire, *m.*, timetable
indéfectible, indestructible
s'inscrire, to enrol
irrespectueux, disrespectful
pencher, to list
porte-parole, *m.*, spokesman, spokeswoman
propension, *f.*, propensity
raccorder, to link up
rat, *m.*, **rat de bibliothèque**, book-worm
relève de la garde, changing of the guard
relever, to take over
réseau, *m.*, network
revanche (en), on the other hand
roman, *m.*, novel
tailleur, *m.*, (ladies) suit
tirage, *m.*, circulation, friction
toiser, to eye scornfully (up and down)
trempé, soaked
tribord, starboard
vague, *f.*, **être dans le creux de la vague**, to be at its lowest ebb
ventru, potbellied
versant, *m.*, side

9   La politique

s'accouder, to lean on one's elbows
adjoint, *m.*, deputy
allusion, *f.*, **faire allusion à**, to refer to
application, *f.*, implementation
apport, *m.*, contribution
assommé, stunned
assurer, to provide
s'avérer, to prove to be, to turn out to be
baie, *f.*, picture window
bande, *f.*, gang
bouleversement, *m.*, upheaval
boulot, *m.*, job, work
bulletin (de vote), *m.*, ballot paper
bureau (de vote), *m.*, polling station
charger, to give sb the responsibility of, to put sb in charge of
circonscription, *f.*, constituency
cliquetis, *m.*, clinking
cocarde, *f.*, rosette
commune, *f.*, district, borough
comptoir, *m.*, bar
congestionné, flushed
coulée, *f.*, flow, slide
dégainer, to draw
délinquance, *f.*, criminality
démettre, **démettre de ses fonctions**, to dismiss sb from his duties

démissionner, to resign
dépens (aux dépens de), at the expense of
député, *m.*, MP
désistement, *m.*, withdrawal
se désister, to stand down
se dévouer, to dedicate o.s. to
dissoudre, to dissolve
drôle (de), strange
écusson, *m.*, badge
emblée (d'), straightaway
empesé, stiff, starchy
s'employer à, to devote o.s. to
s'emporter, to lose one's temper
s'enchaîner, to follow on from each other
entretien, *m.*, maintenance, upkeep
envie, *f.*, desire
épée, *f.*, sword
esquisser, to make the merest suggestion of
état-major, *m.*, administrative staff
éventail, *m.*, spectrum
face à face, opposite, facing each other
face à face, *m.*, encounter
fâcher, to anger
farouchement, fiercely
figurer, to appear
fonctionnaire, *m.*, civil servant

glissement, *m.*, shift
hausser (les épaules), to shrug
héritier, *m.*, heir
immuable, unchanging
implanté, established
inscription, *f.*, enrolment
isoloir, *m.*, polling booth
issue (être issu de), to stem from
jumelage, *m.*, twinning
se munir de, to provide o.s. with
ombre, *f.*, shadow
panoplie, *f.*, outfit
parcours (golf), *m.*, round
paroissiale (salle), church hall
percepteur, *m.*, tax collector
péripéties, *fpl.*, ups and downs
perspicace, penetrating
se plier à, to submit to
portée, *f.*, consequences, impact
prétendu, so-called, alleged
proie, *f.*,   **être en proie à**, to be a victim of, to be a prey to
prôner, to advocate
rajeunir, to bring new blood into, to inject new life into
relent, *m.*,   **aux relents de**, it reeks of

renouvelable, that must be re-elected
repli, *m.*, withdrawal
retoucher, to touch up
révolus,   **18 ans révolus**, over 18 years old
roucouler, to coo
schéma, *m.*, outline
scrutin, *m.*, ballot
sein (au sein de), within
semis, *m.*, seedling
seuil, *m.*, threshold
SIDA, AIDS
siéger, to sit
sondage, *m.*, opinion poll
soucieux de, anxious of
suppléant, *m.*, deputy (M.P.)
syndicat, *m.*, trade union
tonitruer, to thunder
tour, *m.*, round, ballot
toussoter, to cough slightly
trancher, to cut
une (la une), the front page
vigueur (en vigueur), in force, in use, current
voirie, *f.*, highways

Acknowledgments

The authors and publishers would like to thank the following for their kind permission to reproduce copyright material:

B. T. Batsford Ltd for 'Getting Married' by Mary Gostelow (pages 19–21)

BBC *Radio Times* for the cover and extracts shown on pages 106, 111

British Telecom for the posters reproduced on pages 74, 156

British Tourist Authority for the extracts from the British Tourism Survey Yearly (page 46)

Codes Rousseau for the extracts on page 50

Collins Publishers for the extracts from *The French* by Theodore Zeldin (pages 14, 28, 29, 65, 70)

The *Daily Telegraph* for the extract by Martin Harris (page 33)

Editions La Découverte for *L'Etat de la France* by Minelle Verdie.

Elle for the extract by Robert Elms (*Elle*, November 1986) (page 22)

L'Express for 'Tranquillisants: où doit on s'arrêter?' (*L'Express* May 2–8 1986) (page 26)

Faber & Faber Ltd for 'Statistics concerning national pride in Britain and France' from *Politics in England* by Richard Rose (page 142)

Fleurus Presse for the extract from an article by Christine Leblancherie from *Triolo, Magazine pour les jeunes* (page 71)

Gallimard for 'Knock', by Jules Romain, © Editions Gallimard (page 25)

The Guardian for extracts from an article by Peter Fiddick (*The Guardian*, 27 April 1987) (pages 32, 107)

Hachette for extracts from 'L'Angleterre un monde à l'envers' by Paul-Michel Villa (pages 43, 67, 104); and extracts from 'Les Carnets du Major Thompson' by Pierre Daninos (pages 18, 42, 101)

The *Independent* for the use of an extract from 'Out of France' by Patrick Marnham (page 69)

Kelloggs Company for the use of the Kelloggs advertisement, reproduced by kind permission of the Kelloggs Company (page 37)

Libération, for the extracts by Eric Rohmer and Jean-François Rouge (page 117); and the extract by Pascal Hugues (page 137)

Librairie Armand Colin Editeur for 'L'Angleterre cette inconnue' by Monica Charlot (page 15)

Macmillan Publishers Ltd for the extract from 'Mastering British Politics' by Forman (page 127)

La Mairie de la Ville d'Orléans for extracts from the 'Livret de Famille' (page 3)

Mary Glasgow Publications for 'Le Baccalauréat' reproduced by kind permission from *Service Compris*, 1987 © Mary Glasgow Publications Ltd (page 88)

Ministère des affaires sociales et de l'emploie for the extracts from the Carnet de Santé

*Le Monde,*for the extract from an article by A-L. F. (*Le Monde*, 15 April 1987) (page 53)

Le Monde de l'éducation for 'Calendrier de l'année scolaire 1986–1987' (page 84) and 'Je regrette ma vie de lycéenne' by Maryse Perez (page 89)

The National Magazine Company Ltd for the extract from 'Comment' by Isobel Williams from *Good Housekeeping*, March 1987 (page 98)

Le Nouvel Observateur for 'Je vous présente Miss Anita Brookner' by Claude Roy (page 125); 'Dr Ventouse Bobologue' cartoon by Claire Brétecher (page 27); extract from 'The Interview' by Yvon le Vaillant (page 68); 'Tout fout le camp' by Philippe Gavi (page 32)

Le Parcours du cœur for 'Calculez vos risques au lieu de les accumuler' (page 96)

A. D. Peters and Co. Ltd for the use of the cartoon 'Funeral Rights' by Posy Simmonds, reprinted by kind permission of A. D. Peters & Co. Ltd (page 24)

Le Point for 'Est-ce que la télé fabrique des cancres?' by Christian Makarin (page 112–3); and 'Les Diplômes qui payent le mieux' (page 93); and the cartoon by Jacques Faizant (page 114)

Presses Universitaires de France for the extract 'La Grande-Bretagne . . .' from *Pouvoirs*, No. 37, 1986, by David Butler and Roderick Rhodes (page 136)

Punch for 'No films, please, we're British' by Nicholas Wapshott, *Punch*, February 1987 (page 118); and 'The Doncaster Star' (page 36)

Railway Magazine for extracts by J. M. Paques and Richard Fox (*Railway Magazine* July 1987) (page 63)

SNCF for the extracts from 'Comment bien voyager' (page 62)

Social Trends for the extract on levels of satisfaction with the NHS (page 36)

La Société du Tour de France for the use of the map of the Tour de France (page 100)

Télé 7 Jours for the cover reproduced on page 107 and the extracts on pages 65, 110 and 111

Times Newspapers Ltd for the extract from an article by Simon Barnes (page 43); and an extract from 'What a relief, it's Watford Gap' by Byron Rogers, published in the *Sunday Times*, 1 February 1987 (page 66); and an extract from an article by Diana Geddes, published in *The Times*, 17 October 1986 (page 69)

Woman & Home for the extract from an article by Rosie Rushton (page 33)

Every effort has been made to trace the copyright holders of material reproduced in this book. Any rights not acknowledged here will be acknowledged in subsequent printings if notice is given to the publisher.

The authors and publishers also wish to thank the following for photographs:

J. Allan Cash (pages 1, 12, 14, 45, 75, 92, 94, 97[bottom right] 101

Barnaby's Picture Library (pages 52[top left, bottom], 68[bottom right], 98, 102 [top right, bottom right])

British Tourist Authority (pages 47[photos of England], 74[middle right], 97[middle right], 104[bottom left])

Ian S. Carr (page 63)

Channel Four (page 119)

French Government Tourist Office (pages 43, 51[bottom right], 55, 64[bottom right, 65[bottom right, bottom left], 70[bottom left], 75[bottom left], 95[top left, middle right, bottom left], 120, 127[top left, middle left])

Keith Gibson (pages 17, 32, 39[bottom right], 51[top right, top left], 67[French foods], 73[top left, top right], 88, 104[top right], 130[bottom left])

House of Commons Public Information Office (page 129)

The following photographs were taken by the authors: pages 2, 10, 13, 23, 29, 39[left], 45, 48, 50, 51[middle right], 61, 62[bottom left], 64[bottom left], 70[top left], 73 [bottom left], 123, 126, 130[top left, middle left], 134.